SOBRE SONHOS
E TRANSFORMAÇÕES

Dados Internacionais de Catalogação na Publicação (CIP)
(Câmara Brasileira do Livro, SP, Brasil)

Jung, C.G., 1875-1961
  Sobre sonhos e transformações : sessões de perguntas de Zurique / C.G. Jung ; tradução de Lorena Richter. – Petrópolis, RJ : Vozes, 2014.
  Título original : Über Träume und Wandlungen : Zürcher Fragestunde
  Bibliografia.

  7ª reimpressão, 2021.

  ISBN 978-85-326-4857-0

  1. Jung, Carl G. 1875-1961 – Psicologia analítica 2. Psicologia analítica I. Título.

14-08448   CDD-150.1954

Índices para catálogo sistemático:
1. Psicologia analítica junguiana   150.1954

C.G. JUNG

SOBRE SONHOS E TRANSFORMAÇÕES

Sessões de perguntas de Zurique

Tradução de Lorena Richter

EDITORA VOZES

Petrópolis

© 2004 Patmos Verlag GmbH & Co. KG, Walter Verlag, Zürich/Düsseldorf
© 2007 Foundation of the Works of C.G. Jung, Zürich

Tradução realizada a partir do original em alemão intitulado
Über Träume und Wandlungen – Zürcher Fragestunde

Direitos de publicação em língua portuguesa:
2014, Editora Vozes Ltda.
Rua Frei Luís, 100
25689-900 Petrópolis, RJ
www.vozes.com.br
Brasil

Todos os direitos reservados. Nenhuma parte desta obra poderá ser reproduzida ou transmitida por qualquer forma e/ou quaisquer meios (eletrônico ou mecânico, incluindo fotocópia e gravação) ou arquivada em qualquer sistema ou banco de dados sem permissão escrita da editora.

CONSELHO EDITORIAL

Diretor
Gilberto Gonçalves Garcia

Editores
Aline dos Santos Carneiro
Edrian Josué Pasini
Marilac Loraine Oleniki
Welder Lancieri Marchini

Conselheiros
Francisco Morás
Ludovico Garmus
Teobaldo Heidemann
Volney J. Berkenbrock

Secretário executivo
João Batista Kreuch

Editoração: Maria da Conceição B. de Sousa
Diagramação: Sheilandre Desenv. Gráfico
Capa: Sandra Bretz
Ilustração de capa: Direitos reservados
Revisão da tradução: Gentil A. Titton

ISBN 978-85-326-4857-0 (edição brasileira)
ISBN 3-530-41010-1 (edição suíça)

Editado conforme o novo acordo ortográfico.

Este livro foi composto e impresso pela Editora Vozes Ltda.

Sumário

Prefácio, 7

Agradecimentos, 11

Parte I, 13

   A sombra da psicologia analítica, 13

   A quarta dimensão: simetria e assimetria, 22

   A capacidade humana de se desenvolver, 24

   Sobre o animus, 26

Parte II, 37

   O processo de individuação das assim chamadas pessoas "simples", 37

   Sobre o *puer aeternus*, 41

   A nossa natureza passional primitiva, ctônica, animal, 42

   O vínculo entre o analisando e o analista, 46

   Sobre a formação médica, 53

Parte III, 57

   Sobre a prática da análise, 57

   Sobre a natureza da culpa, 61

   O corpo e o desenvolvimento mental, 66

   Sobre rituais, 69

   A imagem de Deus e o si-mesmo, 73

Prefácio

O contexto mais exato dos registros das sessões aqui publicados pela primeira vez não se encontra inteiramente disponível. Não se conhece o nome da maioria das pessoas que poderiam trazer informações a respeito; muitas delas, inclusive, devem ter falecido. Através das recordações de algumas poucas testemunhas oculares, assim como a partir dos documentos encontrados até então, torna-se, entretanto, possível obter uma ideia da origem das gravações.

Em 1948, quando foi fundado o Instituto C.G. Jung de Zurique, Jung estava na idade – 73 anos – na qual normalmente desejamos nos aposentar. Seja pela grave doença que o enfraqueceu nos anos precedentes, seja por desejar voltar as suas forças para alguns projetos importantes de livros, ele atuou somente como conselheiro e interlocutor e não mais como docente no instituto que tinha o seu nome. Entre os estudantes – alguns deles vieram de longe para a formação em Zurique – existia, porém, o compreensível desejo de encontrar não apenas os sucessores de Jung, e sim, igualmente, o próprio. Jung estava disponível para corresponder a esse pedido. Os seus colóquios, muitas vezes inclusive interdisciplinares, com colegas e amigos tinham uma longa tradição. Do ano de 1957 encontram-se documentadas duas sessões de perguntas para o Instituto C.G. Jung, uma para os membros do grêmio, outra para os estudantes. Nos anos de 1950, inclusive, chegaram no mercado os primeiros gravadores e ditafones manuais. Daí em diante tornou-se fácil gravar conversas. No Instituto C.G. Jung existia um gravador de arame de aço.

As presentes gravações ocorreram no dia 15 de fevereiro e 14 de junho de 1958 e provavelmente também em outra data. Os participantes das sessões foram convidados a enviar questões por escrito para a Dra. Liliane Frey-Rohn, que as organizava e encaminhava. Em parte elas se encontram preservadas. Algumas pessoas isoladas resumiam as suas questões em poucas linhas; outras enviavam reflexões prévias de muitas páginas. Assim Jung teve a oportunidade de se preparar. Fazia anotações manuais em relação a alguns pontos isolados. A roda de conversação ocorria alguns dias depois no auditório do Psychologische Club [Clube de Psicologia] na Gemeindestrasse 27 em Zurique-Hottingen. Em seguida servia-se chá para os presentes nas salas do Instituto C.G. Jung localizadas no primeiro andar da mesma casa.

A sessão de perguntas melhor documentada é a de 14 de junho de 1958. Conforme a lembrança de uma testemunha ocular, a sala se encontrava "muito cheia" (isso significa que cerca de 40 ouvintes poderiam estar presentes). Ficou igualmente registrado em sua memória "como Jung iniciou, como sempre, de forma seca; em seguida, entretanto, animou-se e encerrou o evento somente uma hora e meia depois, com as faces rubras de entusiasmo". Muitos estudantes do Instituto C.G. Jung tinham o inglês como língua materna. Parte do programa didático era realizada em inglês. Isso explica a naturalidade com que se falava paralelamente inglês e alemão nos encontros. Provavelmente as sessões de perguntas de junho foram as últimas desse tipo. No outono de 1958 os estudantes solicitaram, através de novas perguntas, outro encontro a Jung. Se este de fato ocorreu, não foi comprovado até então.

No final de 1959, Jung – já aos 84 anos – presenteou o Instituto C.G. Jung com as bobinas de arame para "fins didáticos". Pelo visto ele as considerava relevantes para tais fins. As sessões de perguntas não se encontravam ordenadas segundo uma temática principal. É óbvio, porém, que eram apresentadas principalmente questões de interesse para psicoterapeutas iniciantes.

O quão frequentemente os documentos de áudio foram utilizados após 1959 não pôde ser reconstituído até o presente. Jung faleceu em 1961. No ano de 1979 o então ampliado Instituto C.G. Jung transferiu a sua sede para Küsnacht/Zurique. Em 1988 o coordenador de estudos da época tomou novamente conhecimento dos "arames de aço" caídos em esquecimento. Não havia mais um aparelho operacional para a sua reprodução. Por fim, especialistas ingleses foram capazes de passar as gravações para fita magnética. Entre as seis bobinas de aço encontradas, três provaram ser rendosas em termos de conteúdo, uma era uma duplicata, uma continha fragmentos e uma era inútil. Os originais se encontram guardados no National Sound Archive da British Library de Londres desde então.

Ulrich Hoerni
Comunidade de herdeiros de C.G. Jung
Janeiro de 2004

Agradecimentos

Não apenas as gravações, e sim, igualmente, a preparação para a sua publicação têm uma longa história. Nesse processo algumas pessoas contribuíram de modo especial para o seu êxito. O Dr. Thomas Frey descobriu as bobinas de aço em 1988 e solicitou a sua gravação em fita magnética. O Sr. Alistair Bamford acompanhou a gravação no National Sound Archive. O conselho administrativo consentiu através de diversas determinações com a publicação. O Dr. Gotthilf Isler fez avançar desde 1992 os preparativos e, em nome da fundação para psicologia junguiana, encarregou a Sra. Margrit Hofmann (†) e a Sra. Alison Kappes de realizar os traslados. Através de suas informações, a Sra. Gertrud Hess possibilitou a reconstrução do contexto que conduziu às sessões de perguntas. O Dr. Wolfram Neubauer permitiu a utilização das cópias de arquivo da ETH-Bibliothek[1] de Zurique. O Sr. Braun, de Bubikon/Zurique[2], providenciou a preparação acústica da versão de áudio. Pronunciamos o merecido agradecimento a todos os participantes, inclusive àqueles cujo nome não foi mencionado.

---

1. Biblioteca da Escola Superior Técnica Confederativa [N.T.].
2. Comuna da Suíça no Cantão Zurique [N.T.].

Parte I

A sombra da psicologia analítica*

[C.G. Jung:] Senhoras e Senhores, permitam-me falar com os senhores primeiramente em alemão. Não consigo falar muito alto, por isso os senhores devem evitar fazer barulho para que possam me ouvir. Desejo iniciar imediatamente com a discussão das questões a mim apresentadas.

A primeira pergunta, quer dizer, uma verdadeira sucessão de perguntas, foi feita pelo Sr. Caracciolo. Mais precisamente, o Sr. Caracciolo quer saber em que consiste em si a sombra da psicologia analítica. Essa pergunta, que soa tão simples, é quase impossível de ser respondida, pois é tão abrangente que no final de seu caminho percorrido em torno do mundo acaba atacando o próprio Sr. Caracciolo pelas costas. A sombra emitida por qualquer coisa naturalmente depende da qualidade daquela coisa. Nesse sentido, a pergunta começa assim: O que é essa tal de psicologia analítica? E isso é demais para mim, não sei o que é isso, conheço apenas os seus aspectos, mas o que é não sei, isso está além de mim. Desse modo, não posso dizer nada eficiente sobre o que, afinal, essa psicologia é. Posso apenas fazer afirmações – caso alguém esteja interessado ou caso eu assim esteja – sobre o que é a sombra dessa afirmação. Sendo assim, num primeiro momento penso simplesmente sobre o seu oposto ou apenas sobre o que é aproximadamente o seu oposto, pois pensar a respeito do oposto de algo complicado é extremamente difícil – e a psicologia complexa é o que há de mais complexo. E assim, correspondentemente a sombra é muito complexa, de modo que não sou capaz de insinuar com poucas palavras em que poderia consistir essa sombra. Precisaríamos primeiramente analisar cuidadosamente cada afirmação por si só e em seguida pensar no seu oposto, caso isso for possível. Pois isso nem sempre é tão possível assim, podemos apenas pensar no oposto de coisas relativamente fáceis. Pensar no oposto de coisas complicadas é muito difícil.

Após essa introdução geral, quero especificar o assunto. A sombra de algo complicado é, conforme ouviram, tão complicada como a própria coisa. Pois a sombra não consiste apenas na luz que recai sobre algo e gera a sombra, e sim, consiste igualmente no observador que percebe a coisa, quer dizer, que percebe essa sombra. E sendo assim, naturalmente jamais sabemos o que vemos, em função das projeções geralmente e sempre existentes. Quando então queremos ter uma ideia a respeito da sombra geral emitida em si pela psicologia analítica – em termos práticos e teóricos – precisamos apenas reunir todos os preconceitos que se manifestam contra tudo aquilo que as pessoas dizem a respeito. Assim obtemos uma ideia muito clara sobre o que é a psicologia analítica – pelo avesso. Na maioria das vezes é assim, mas nem sempre.

Tomem algum sistema bem-definido cujas propriedades conhecemos *a grosso modo*, por exemplo, algum movimento geral e bem-documentado, digamos a religião cristã, [que] na verdade representa o ideal máximo, e perguntem pela sombra. Então poderão dizer que se trata da gargalhada de escárnio do inferno que se encontra por trás do cristianismo. E se desejam abstrair – caso isso fosse possível – daquilo que as pessoas dizem ou do que acontece, então não poderão criar a partir do acervo, do acervo documental da religião cristã, aquilo que seria o seu oposto, isso é impossível, é demasiadamente complexo. Mas podem ter certeza que uma posição assim tão isolada conforme [aquela] representada por um complexo desse tipo nem poderia existir sem a geração de uma sombra, caso contrário, este não existiria. Tudo que existe gera uma sombra e, sendo assim, a sombra factualmente existente do cristianismo consiste numa sombra imensa, uma sombra terrível e trágica, digo eu: uma gargalhada de escárnio do inferno.

E naturalmente é igual no caso da psicologia. Independentemente dos erros inerentes a tudo, a todas as coisas produzidas pelo homem, os resultados positivos em si já são construídos pelos seus opostos. Não podemos estabelecer uma posição sem que se forme um negativo, isso simplesmente faz parte, caso contrário não é real. Naturalmente poderíamos igualmente examinar a psicologia em relação a seus erros. Foi este o esforço de toda a minha vida, a minha procura pelos pontos frágeis, por contradições, e busquei eliminá-los, lapidar as coisas até que mais ou menos funcionassem. Muitas coisas são difíceis de formular, pois se trata de uma questão empírica, e podemos errar a mão na formulação. Naturalmente precisei modificar alguns dos meus termos e definições. Precisei modificar muitas concepções ao longo de minha vida, isso é inevitável. Obtive resultados que obviamente não são perfeitos, mas não sei onde poderia modificar algo mais fundamental. Em termos empíricos sei apenas que, caso toda essa composição se apresente ao mundo a partir de sua forma externa, o resultado será uma imensa sombra, e essa será tão real como a composição.

Sendo assim, contanto que os senhores se identifiquem com essa psicologia, naturalmente se encontram presos nessa sombra. E se não desejarem estar presos nela, precisam descobrir o que podem melhorar nesse sentido e, caso melhorem algo, entrarão em uma sombra especial daquilo que fizeram. [Risos] Não há coisa alguma inventada pelo ser humano que seja completamente boa, caso contrário nem seria real –, *nolens volens* [querendo ou não] dá-se um efeito sombra. Não faz muito sentido entrar em detalhes, pois não sei onde se encontram os erros principais; eles virão à tona, mas ainda não os conheço. Caso os conhecesse, eu os teria revisado. Nunca tive a ilusão de ter matado a charada por completo. Existe uma gama de questões que podem ser elaboradas; por exemplo, toda a questão histórica, a questão comparativa, a relação com a biologia etc. – isto está cheio de lacunas.

Mas, enquanto ninguém se ocupa seriamente com a questão, também não há ninguém para preencher essas lacunas. E, caso alguém venha a preencher essas lacunas, então se deparará com a realidade, pois cairá na sombra de que talvez tenha feito algo bom e inovador. Isso é muito perigoso, cuidem-se caso seja possível! Ser um pioneiro não é nenhum prazer. Pois não se esqueçam que, caso tenham o êxito de ter um único pensamento novo, bom (ou ruim, porém novo), os senhores serão os únicos que têm esse pensamento, e isso é algo que sentirão na pele. Pois estarão sozinhos, e não há nenhuma outra possibilidade a não ser se identificar com esse pensamento novo. Pois essa é a sua verdade, que os senhores encontraram e na qual investem com toda a sua personalidade – caso tenham algum valor –, e então estarão completamente isolados, cairão na sombra dessa coisa.

Caso tenham condição – o que de fato têm – de se familiarizar com essa psicologia, então é totalmente inevitável que se lhes apresentem resultados; os senhores ouvirão conceitos e concepções, e esses os penetrarão na forma das palavras pronunciadas pelo professor. Primeiramente terão dificuldades de compreender essas palavras, quer dizer, perceber do que poderia se tratar. Primeiramente essas palavras os penetram, mais ou menos assim: Dizem que é assim, então devemos falar como se fosse assim ou como se estivéssemos convictos ou como se soubéssemos disso. Mas os senhores conhecem apenas palavras, não conhecem a realidade, e sim, apenas palavras que encontram impressas na página tal e tal.

Um dia encontrei um colega inteligente que me assediou com todo tipo de perguntas e eu lhe perguntei quais de meus livros havia lido. Isso aconteceu muitos anos atrás e ele havia lido, por exemplo, *Transformações e símbolos* ou *Símbolos da transformação* e os *Tipos*. E então analisamos um sonho e me referi a isso, à teoria das funções, e assim por diante, e ele não entendeu nada, absolutamente nada. Então eu disse: "Mas o senhor me disse que havia lido os *Tipos*". E ele: "Li sim, mas o que o senhor está me dizendo não tem nada a ver com o assunto". E eu: "Veja, por favor, aqui e aqui, está totalmente claro, trata-se do pensamento, do sentimento, da intuição etc."

Ele simplesmente não percebeu nada disso. Assim eu o inquiri a respeito de como ele leu o livro dos *Tipos*, e por fim ele disse: "Pois bem, na verdade achei que era apenas um monte de palavras!" Vejam só, ele viu apenas palavras e nem fez o esforço de imaginar o que isso poderia significar quando alguém pensa de tal maneira ou quando alguém percebe as coisas de tal modo. Apenas decorou palavras.

De início não se sabe fazer nada mais do que aprender palavras e ser possuído por conceitos. E quanto menos se entende a questão, mais se é possuído por conceitos, pois é a única coisa que as pessoas têm. Não sabem se defender a não ser com conceitos, palavras, mas a coisa em si ainda não compreenderam nem de longe. Quando compreenderem algo intelectualmente, isso permanece preso à região da linguagem, justamente a ela – mas não penetra o homem como um todo. Compreendemos algo na psicologia apenas quando também o vivemos ou quando isso avança até a região do fazer e da experiência, porém não antes.

Então, o que aprendem primeiro é apenas como segurar um martelo ou um alicate, mas estão longe de fazer um martelo ou um alicate. E é disso que se trata, de uma palavra penetrar as profundezas, onde ela se torna nós mesmos de modo que nela vivemos. Quando for o caso de irem além de palavras apenas, quer dizer, um pouco além do chacra Kundalini Vishuddha, ao menos até a região do Anâhata, a região do coração e do pulmão, quando chegarem lá saberão também o que o coração diz a esse respeito e o que o espírito diz a esse respeito. Mas aqui estão apenas no intelecto, isso ainda não significa nada.

Mas, caso então tenham êxito em penetrar na profundeza maior, o que é inevitável, quando escutarem a palavra, quer dizer, quando a escutarem verdadeiramente, deixando-a penetrar, estarão sob o domínio da sombra que se encontra aderida a essa questão. Essa sombra então se refere aos senhores em um sentido pessoal, e esse é um problema muito complicado, pois é como se os senhores fossem o inventor da questão, quer dizer, isso significa que estariam na mesma situação que eu e se descobririam isolados. Encontrar-se-iam isolados em relação à humanidade, isolados não apenas em relação ao rebanho de ignorantes, e sim, igualmente em relação às pessoas inteligentes que têm outras concepções ou que têm preconceitos principalmente em relação à psicologia.

E ninguém escapa disso. Encontrar-se-iam numa situação bastante embaraçosa assim como qualquer um que tem uma ideia nova. Por isso, acredito que devemos alertar qualquer pessoa que tem uma ideia nova a respeito das consequências psicológicas, caso contrário, as pessoas ficarão muito surpresas ao perceberem que no fundo já não estão mais em casa em lugar algum – a não ser em Zurique. E temos o hábito infeliz de nos agarrarmos, na maior parte das vezes, a pessoas com a mesma mentalidade. Naturalmente temos necessidade disso, mas desse modo se forma uma endogamia espiritual e agimos assim para nos protegermos contra esse isolamento. Pois, para muitas pessoas, essa é a única possibilidade de existir – quando podem, por assim dizer, assegurar-se da ajuda, pelo menos da ajuda espiritual de pessoas que possuem a mesma mentalidade. É um colo materno, um colo materno espiritual no qual nos aninhamos, quietos, para não precisarmos nos expor aos perigos da vida. Pois assim que entrarem em contato com o grande mundo, as pessoas correm perigo imediato. O Sr. Caracciolo chamou essa experiência, quer dizer, essa identificação com as palavras, muito corretamente, de vitória ilusória, o que de fato é.

Por isso, se os senhores entrarem em contato com a psicologia ou permitirem que ela o faça no sentido de surgirem quaisquer consequências fatais em função disso, então, e apenas então, essa psicologia começará a atuar. Antes disso, perdoem-me a expressão, encontram-se num estado prioritariamente emburrecido. Tornar-se-ão inteligentes somente

19

quando precisarem defender a sua pele no mundo real, e nesse caso por necessidade. Essa é a grande desvantagem de uma ideia nova e impopular, e naturalmente não devem ter ilusões a respeito disso, acreditando que serão bem-vindos com a psicologia. Em relação a algumas pessoas isoladas o serão, mas não como um todo, pois o mundo é bem diferente da forma como tentamos imaginá-lo. Caso contrário, o mundo encontrar-se-ia num estado diferente justamente daquele que está.

Gostaria de perguntar se alguém tem alguma observação a respeito ou alguma pergunta. Se não for o caso... pois não?

[Pergunta:] Gostaria de lhe fazer uma pergunta em relação a essa nova ideia, da forma como o senhor compreende a ideia aqui. O meu pensamento muitas vezes me fez pensar que não invento ideias, e sim, que me relaciono com uma ideia – é essa a minha experiência – uma ideia eterna que em seguida me determina. E gostaria justamente de perguntar como o senhor compreende essa ideia. Acredito igualmente que, através desse processo de se relacionar com uma ideia, o ser humano de alguma forma se abre para uma experiência maior...

[C.G. Jung:] Certo...

[Pergunta:] ...não se encontrará fechado, isolado, e sim, num estado oposto.

[C.G. Jung:] Usei a expressão ideia, poderia muito bem ter dito que conheci um fato novo, é exatamente o mesmo, praticamente. Por exemplo, quando vivo num mundo onde ainda não existem bactérias, então é uma experiência nova para mim, uma experiência muito impressionante, o fato de a água potável poder estar infectada com tifo. Isso me traz uma visão de mundo completamente diferente. Trata-se simplesmente de um fato, mas ao mesmo tempo também de uma ideia. Dizemos a nós mesmos: essa água aqui pode estar infectada, não se deve bebê-la nem oferecê-la para outras pessoas. Essa é uma ideia nova, pois antes eu achava que ela fosse completamente inofensiva. Ou então, pensem na relação dos filhos com uma mãe devotada e um pai tirânico: as duas coisas sempre existiram, mas é uma ideia ou um fato novo sabermos que, por exemplo, a devoção da mãe pode ser algo altamente perigoso – não pensamos nisso – ou que a tirania, a assim chamada tirania do pai, pode, em certas circunstâncias, ser algo muito desejável, pois as crianças carecem da influência paterna. América! As crianças querem ser educadas, querem seguir um formato e querem opor-se; obviamente, isso é um direito delas. Mas o pai precisa saber impor a sua vontade, pois é isso que os filhos esperam; caso contrário, tudo sai do eixo. O aumento da criminalidade infantil na América é simplesmente assustador. A psicologia americana *cocks its ears* [fica de orelhas em pé, de antenas ligadas], pois está entrando em apuros.

[Uma voz feminina]: O senhor aceitaria uma pergunta em inglês?*

[C.G. Jung:] Bem, se a senhora deseja falar inglês, não tenha medo [Risos] – caso tenha entendido o que eu disse antes. Caso contrário, não serei capaz de contar toda a história outra vez em inglês. Posso apenas lhe dizer que o Sr. Caracciolo perguntou sobre a sombra lançada pela psicologia analítica em um sentido geral. Meu ponto de vista é que ela lança uma sombra tremenda que podemos ver se abrirmos os olhos. Podemos ler sobre ela em qualquer lugar, mas não somos capazes de construir uma sombra real, válida a partir dos dados, dos dados documentais que a psicologia analítica nos oferece, pois simplesmente não sei onde es-

---

* A tipologia em negrito identifica as respostas dadas por Jung em inglês.

tão as grandes lacunas. Sempre tento preenchê-las e, à medida que as enxerguei, eu as preenchi o melhor possível. Naturalmente nada está perfeito, fiz o que pude. Cabe aos críticos fazê-lo melhor. Nenhuma pergunta? Está bem, então vamos continuar.

A quarta dimensão: simetria e assimetria

[C.G. Jung:] Há aqui uma pergunta, Senhor Kirsch, que não consigo responder na íntegra, é demasiadamente específica. O senhor pergunta sobre a quarta dimensão em meu livro sobre o mito moderno. A relação entre essa assimetria da imagem[3] e o problema da assimetria da física nuclear moderna é uma dessas numerosas analogias, das quais existe toda uma série – entre a psicologia do inconsciente e a física nuclear. Essa analogia precisa se dar, pois as duas ciências, naturalmente de modos totalmente diversos, se aproximam do desconhecido, e o desconhecido é o mesmo em todos os lugares, pois é desconhecido. Independentemente de se dizer "inconsciente", referindo-se a algo psíquico ou de se dizer "desconhecido" referindo-se a algo físico – o fato de se referir a algo não melhora a questão, e sim, trata-se simplesmente de algo desconhecido.

Quando digo que nesse país está acontecendo algo desconhecido, pode ser algo físico ou psíquico, não sabemos o que é. Consequentemente, quando começamos a especular sobre esse desconhecido de uma forma total, não está nada claro se é algo psíquico ou físico, pois empregamos as mesmas categorias. Por isso, por exemplo, as mais novas especulações na física nuclear são a matéria e a antimatéria. E há um Univer-

---

3. Aqui Jung se refere à imagem "A quarta dimensão" de Peter Birkhäuser em OC 10/4, § 736-747, fig. 3.

son [universo] como base do mundo. É uma palavra terrível. É simplesmente mitologia pura. É o que diz essa ideia de assimetria, é nesse sentido, não é? A ideia de assimetria é a ideia de correspondências, o lado direito é exatamente igual ao lado esquerdo, só que se encontra do lado direito[4].

Entretanto, a simetria – poderíamos falar quase em um axioma da simetria – na física não constitui uma verdade estatística, mas havia a concepção de que a simetria fosse, por assim dizer, quase axiomática. E então, através do assim chamado *Chinese Puzzle* [Quebra-cabeça chinês] – os senhores sabem o que é? Não? São os dois chineses que descobriram o sinistrismo dos mésons, este é o assim chamado *Chinese Puzzle*. Pensavam que uma maioria dos mésons – naquela época já se contava 50.000 observações – quer dizer, descobriram que os mésons são basicamente canhotos. E Pauli me informou sobre isso, o Professor Pauli, dizendo que isso faria com que Deus fosse levemente canhoto. [Risos] Bem, temos essa questão da simetria na psicologia, quer dizer, há uma correspondência entre a sombra e a consciência, elas se complementam ou se compensam. Mas o conceito da compensação surge somente por não existir de fato uma verdadeira complementaridade, e sim, uma assimetria. Não *há* uma total simetria, pois caso houvesse já ter-se-ia instalado uma inatividade morta. Pois a simetria trabalha sempre em direção à identidade, somente com a diferença de que um se encontra do lado direito e o outro do lado esquerdo; os dois, entretanto, existem. Consequentemente nada se realizaria. É *necessário* que seja assimétrico, não deve, não pode haver encaixe total, por isso tudo segue adiante; [caso contrário] nada seguiria adiante.

---

4. Parece que Jung se refere à simetria e não à assimetria [N.T.].

E é o caso da psicologia. Caso eu estivesse em condição de falar sobre isso, eu teria dito: Obviamente precisamos postular uma assimetria, caso contrário já nos encontraríamos suspensos através da simetria. A simetria não pode continuar vivendo, mas a psique por enquanto continua vivendo; assim sendo, precisa haver uma assimetria. Nesse caso as reflexões psicológicas estão plenamente de acordo com as físicas, quer dizer, o ser não é simétrico, o ser não é estático, ao invés disso o ser é um equilíbrio instável – por causa da assimetria. Fora isso, não posso mais dizer muito a respeito, em todo caso não sobre a questão física, pois não tenho competência para tal, e sobre a questão psicológica também não posso dizer muito, pois as coisas são demasiadamente sutis. Sei demasiadamente pouco a respeito, fiz apenas alusões. Os senhores ainda têm outra pergunta?

A capacidade humana de se desenvolver

[C.G. Jung:] Então vamos à próxima pergunta, senhorita Dra. Hess. A pergunta é a seguinte[5] – um dia fiz um comentário que a humanidade ainda seria muito jovem, o que significa que ela ainda seria capaz de se desenvolver. Naturalmente digo isso a partir de um ponto de vista psicológico, onde temos a experiência de que o indivíduo isolado é capaz de desenvolvimento e, se alguns indivíduos são capazes de desenvolvimento, podemos chegar à conclusão precipitada de que

---

5. Dra. Gertrud Hess: "A partir de sua constatação [a humanidade se encontra em seu estado de juventude] é possível concluir que o ser humano ainda é substancialmente capaz de se desenvolver? A partir do que podemos concluir que não nos aproximamos do fim, e sim, nos encontramos apenas num estado de transformação?"

possivelmente todos ou ao menos 51% têm a mesma capacidade de desenvolvimento. Obviamente não me refiro a uma capacidade de desenvolvimento físico, e sim, a *uma capacidade psicológica de desenvolvimento.*

Caso eu chegasse indevidamente à conclusão de que o fato de somente um pequeno número de indivíduos provar ser capaz de um desenvolvimento psicológico indique que esta capacidade para o desenvolvimento é também hereditária – no sentido de existirem características hereditárias – isso naturalmente seria um contrassenso. Não temos nenhuma comprovação de que as aquisições ou o desenvolvimento dos pais sejam transmitidos por herança aos filhos, não estamos falando disso. Tudo sempre começa de novo.

A minha alegação de que a humanidade ainda é jovem se baseia, por um lado, no fato biológico de que a humanidade, isto é, o *genus homo sapiens,* surgiu relativamente tarde na árvore genealógica e, por outro, no fato de que indivíduos isolados ainda provam ser capazes de desenvolvimento, de modo que podem, por exemplo, desenvolver um tipo de adaptação que eles ou o seu entorno não possuíam antes. No âmbito psíquico existe a capacidade de desenvolvimento. E não entendo por humanidade exatamente a humanidade sob o ponto de vista biológico; ao invés disso, poderia igualmente dizer: o público – e este realmente ainda é muito infantil em vários sentidos. Não preciso lhes dar exemplos, os senhores só precisam ler os jornais e estudar política, é tudo tão incrivelmente infantil que ficamos horrorizados e ainda teria muita coisa a ser desenvolvida para obtermos formas bem melhores.

Então a senhorita Dra. Hess pergunta se isso nos permite concluir que não nos aproximamos do fim, e sim, encontramo-nos apenas num estado de transformação. Não tenho como chegar a esse tipo de conclusão, pois simplesmente não sei se nos aproximamos do fim ou se nos encontramos num estado de transformação. Muitas coisas se transformam; mas, se isso conduz ao fim ou a um novo começo, ninguém sabe. Falei em fim, porém no sentido do ano platônico, quer dizer, ao longo do ano platônico ocorrem transformações típicas que correspondem às seções da precessão do equinócio da primavera; sabemos disso principalmente a partir da história do Egito ou da psicologia do cristianismo. Alguma pergunta?

[G. Hess:] O senhor então diria que não se sabe se um dia a humanidade amadurecerá? Não se sabe disso?

[C.G. Jung:] Não se sabe disso, é impossível saber.

[G. Hess:] Como se um dia estivesse apaziguada, quer dizer, uma humanidade madura, apaziguada. –

[C.G. Jung:] Ai, ai, esse é um ideal distante, é como um bom propósito que pavimenta o caminho que conduz ao inferno. [Risos] Para mim são especulações demasiadamente longínquas.

Mais alguma pergunta? Caso não, abordarei a próxima.

Sobre o animus

[C.G. Jung:] A Sra. Heumann pergunta: O animus de uma mulher cuja função superior é o pensamento está em posse de seus sentimentos e produz julgamentos de valor inferiores ou o seu pensamento superior se deve ao animus desenvolvido, enquanto o princípio de Eros continua inconsciente e nas mãos da sombra?

Quando o animus de uma mulher cuja função superior é o pensamento se encontra em uma condição normal, então não há razão alguma para que ela não deva ou possa estar em posse de seus sentimentos. Quando seu pensamento está apropriado, não interferirá com valores do sentimento, e desse modo não interromperá o desenvolvimento de seu sentimento, pelo contrário, conduzirá a este. Pois quando seguimos o nosso desenvolvimento intelectual, rapidamente chegamos a algum lugar onde o destino nos mostra que com o intelecto apenas não chegamos a lugar algum, necessitamos do sentimento. Não conseguimos seguir adiante com esse desenvolvimento sem colidir com os valores do sentimento. O nosso desenvolvimento intelectual encontrar-se-á terrivelmente incompleto se negligenciarmos esses valores. Não que ele não tenha se dado, é justamente esse o nosso problema: Desenvolvemos o intelecto sem considerar os valores do sentimento, e então simplesmente nos tornamos estúpidos, embotados, assim como pessoas intelectuais que negligenciam os valores do sentimento. Nada é mais paralisante do que a ausência dos valores do sentimento.

Mas é verdade que, quando uma mulher tem como função superior o pensamento, provavelmente desenvolveu o seu sentimento através da crítica do animus. Necessariamente é assim; nenhum pensamento pode ser desenvolvido com base no animus, pois o animus é o oposto do pensamento. Por exemplo, critico uma mulher e em seguida ela diz: "Pensei que..." E isso significa que ela *não* pensou. [Risos] Entendem? Pois quando ela diz "Pensei que...", ela não pensou, ela foi pensada pelo seu animus, teve uma opinião de animus. Por exemplo, digo a ela: "Veja, não gosto quando você faz isso ou aquilo". Ela o fará e eu direi: "Por que razão fez isso?" "Ah!, pensei que você gostasse." [Risos] Entendem? É o que o animus faz. Isso se reproduz nos menores detalhes. Podemos, por exemplo, dizer: "Ah!, você está indo ao mercado, poderia trazer-me uma pequena caixa de cigarros de tal e tal marca, mas apenas uma caixa pequena?" E então ela nos traz uma caixa grande, justamente porque dizemos que queríamos uma pequena. [Risos] E então ela diz: "Ah!, pensei que..."

Vejam, quando ela tem um intelecto superior, precisa ter passado por todo um processo de limpeza de [seu] intelecto, pois o animus é absolutamente impeditivo. Simplesmente não se trata do intelecto, é o oposto de um verdadeiro intelecto. Mas vejam: se, por outro lado, o seu pensamento superior é um animus superior, então o seu verdadeiro intelecto é inferior. Aquilo que ela tem ou que parece ser um intelecto é nada mais do que o seu animus e, sendo assim, ela não possui um intelecto. Nos bastidores, nos bastidores do animus, ela pode ser tão estúpida quanto os senhores imaginam – e assim ela é. Não me esqueço jamais, um dia estive num jantar de diplomatas e a senhora que me atormentava [Risos] era a irmã de um homem muito famoso. Aparentemente ela era *a* tal, uma mente brilhante, tinha um ciclo muito intelectual. A partir do momento em que nos sentamos, durante uma hora e meia, inundou-me com filosofia e sabe lá Deus o que mais. Não tive a chance de encaixar uma única palavra. Em seguida, parou de repente, sentindo que agora eu deveria estar em desvantagem, e disse: "Mas sou sempre eu que falo, quais os *seus* pontos de vista?" em relação a essa ou aquela coisa – assuntos filosóficos altamente abstrusos. Eu disse: "Sabe, estaria muito interessado em saber o que a senhora pensa sobre essas coisas". "Mas eu o inundei com as minhas ideias." Respondi: "Não senhora. Não foi o que a senhora fez, a senhora me contou coisas que posso ler na *Encyclopedia Britannica*. [Risos] Não estou interessado em nada disso, gostaria de saber o que a *senhora* pensa". "O que *eu* penso? Bem, preciso pensar primeiro." [Risos]

Bem, o resultado foi que no próximo dia ela me ligou querendo me ver em particular em uma consulta. [Risos] Descobriu que jamais havia pensado sobre qualquer coisa. Isso é um animus superior. Mas todo mundo jura que ela é a pessoa mais inteligente, extraordinária, educada. Só faz conversa fiada, conversa fiada intelectual, não sabe de nada, não assimilou nada, é só papo. Isso é um intelecto superior.

Vejam, um animus desse tipo, um quase intelecto dessa espécie, é mais impeditivo quando se trata do desenvolvimento do sentimento, pois mata o sentimento por completo, não apenas o sentimento de seu público, mas também o seu próprio sentimento. O seu próprio sentimento permanece muito primitivo e frágil, capenga, ridículo, infantil, egoísta; o seu sentimento é simplesmente impossível. E também é incapaz de estabelecer um rapport[6] baseado no sentimento, pois o seu sentimento é destruído desde o início. Vejam, quando uma mulher começa a fazer esse tipo de conversa fiada, um homem com o mínimo de inteligência simplesmente se desliga, adormece. [Risos] De fato, passei um aperto para não adormecer, e a única coisa que me manteve vivo foi comer e beber. [Risos] Alguma outra pergunta?

[Pergunta:] Dr. Jung, o senhor equipararia o intelecto ao pensamento consciente dela...

[C.G. Jung:] Claro, ao seu pensamento consciente.

[Pergunta:] ...ou ao lado especulativo e prático de sua intelecção que se associa à cognição egoica?

[C.G. Jung:] Não, não! A definição de intelecto o senhor a encontra nos meus *Tipos psicológicos* – é a função do pensamento, seja lá o que for isso. Mas apenas filósofos não sabem o que é pensar, psicólogos sabem! [Risos] Alguma outra pergunta?

[Pergunta:] Poder-se-ia dizer que o pensamento...

[C.G. Jung:] Um pouco mais alto, por favor.

[Pergunta:] ...o pensamento superior não se deve a um animus superior, e sim, redimido? Isso estaria correto?

[C.G. Jung:] O quê? O intelecto superior?

[Pergunta:] Sim.

[C.G. Jung:] O verdadeiro?

[Pergunta:] ...se deve a um animus redimido?

---

6. Na psicologia a palavra rapport se refere à capacidade de criar empatia e sintonia na comunicação com o outro [N.T.].

[C.G. Jung:] Não se deve a um animus redimido, e sim, a redenção do animus se deve a um pensamento melhor. Essa mulher da qual falei só se livra de seu animus quando começa a pensar. Quando é suficientemente condescendente para se dar conta do fato de que jamais pensou e que não sabe o que significa pensar – então está começando... e *isso* é a redenção do animus. O animus se encontra preso no primitivismo. Vejam, esse é o espírito caído na matéria, e ele precisa ser libertado. Isso pode ocorrer somente através do real pensamento, do pensamento do indivíduo, não através do demônio que consiste principalmente em palavras. Esse, naturalmente, é o perigo que qualquer mulher com um bom intelecto corre – o de comer o alimento errado, de comer palha ao invés de aveia, a casca ao invés do conteúdo.

E, naturalmente, há homens que se encaixam nisso, homens cujo intelecto consiste inteiramente em palavras. Usam as palavras como uma espécie de meio mágico para confundir a mente da mulher. Na prática podemos ver isso nos casos de *fils à papa* [filhinhos de papai], onde o pai produz um tipo errado de espírito e a mulher se alimenta de tudo isso e está envenenada pelo resto da vida.

Obviamente, o que eu disse sobre essas desventuras no desenvolvimento das mulheres é igualmente válido para os homens. Vemos a mesma distorção da vida do sentimento de um homem a partir do malefício da preguiça ou das mentiras da mãe.

Agora temos uma pergunta do Sr. Rhally, é melhor que eu a leia: "Quando falamos em repressão, isso implica que, em sua origem, a questão reprimida um dia já surgiu num nível consciente, e nesse caso a diferença entre supressão e repressão seria o grau *presente* da consciência ou é possível que a repressão funcione sem que a questão reprimida jamais alcance a consciência?"[7]

---

7. O uso dos termos repressão e supressão nessa passagem pode confundir o leitor. Segundo o dicionário *Vocabulário da Psicanálise* (LAPLANCHE & PONTALIS, 2008), na língua inglesa o termo *Verdrängung* (recalque) foi traduzido erroneamente como *repression* e o termo *Unterdrückung* (repressão) como *supression*. Os

Bem, essa realmente é uma questão adequada que abordei com o Professor Freud quando eu ainda era um homem jovem e um bom amigo dele. Pois o termo repressão transmite a ideia de que um conteúdo – que precisa ser um conteúdo consciente, caso contrário não poderíamos falar dele – é reprimido por uma ação, digamos uma ação moral ou algo nesse sentido, igualmente consciente. Mais tarde, porém, fiz os meus experimentos de associação e encontrei complexos que jamais estiveram conscientes – não podiam ter estado conscientes – e estavam reprimidos. Assim surgiu a questão: O paciente jamais teve consciência desse fato, mesmo assim este se apresenta num estado reprimido. Ele jamais o reprimiu, jamais soube a seu respeito. A única possibilidade é que alguma coisa se desenvolveu dentro dele a partir de seu inconsciente e ele não percebeu que um desenvolvimento desse tipo ocorreu. Tudo se encontra de modo totalmente natural em um estado inconsciente, é algo subliminal, ainda não alcançou a superfície, jamais esteve na superfície e foi reprimido.

Coloquei essa questão para Freud e ele disse: "Sim, você está inteiramente certo, existem coisas assim". Mas jamais fez uso disso. Mais tarde, voltei para a questão, mas ele não gostou, pois este era um caso ao qual a teoria da repressão não se aplicava. De fato, é embaraçoso quando alguém tem uma teoria assim tão bela sobre a repressão que se aplica à maioria dos casos e de repente temos um caso ao qual não se aplica. Para um explorador este é um fato muito lamentável: o fato de ele ter construído uma bela concepção sobre algo e ter todas as legitimações para tal e de repente descobre que isso não se aplica a todos os casos que devia. Naturalmente não gostamos disso, e eu sempre senti um tipo de derrota quando acontecia comigo. Que talvez exista um mundo de experiências que não se ajustam ao conceito que deveria dar conta delas.

---

textos brasileiros traduzidos do inglês mantiveram esta nomenclatura. O mais correto seria o inverso: traduzir *Unterdrückung* como repressão e *Verdrängung* como supressão. Entretanto, nessa passagem e nas seguintes não está inteiramente claro o uso que Jung faz desses termos [N.T.].

Lembro-me muito bem da época quando eu estava elaborando os tipos. Primeiro pensei apenas no tipo pensamento e no tipo sentimento. Descobri – devo dizer que foi por acaso – que a sensação deve desempenhar um papel importante. Pensei: "Claro, mas sensação não é pensamento e nem sentimento, e desse modo temos três funções". Mas preciso admitir, temos duas funções, a extrovertida e a introvertida. O sentimento é extrovertido e o pensamento é introvertido. Sabe, isso se encaixa perfeitamente. E então vem o diabo da sensação [Risos] e derruba todos os meus planos. Naturalmente odiei e odiaria mais ainda se uma pessoa jovem me dissesse: "Mas o senhor não está ignorando a sensação?" Obviamente odiaria isso, é algo terrivelmente embaraçoso. Pois todo homem que faz um trabalho de pesquisa é vaidoso em relação ao seu trabalho. Vejam, ele é terrivelmente vaidoso por ter uma amante assim tão bela ou então tem algo como um belo chapéu ou escreveu um belo livro e desse modo não pode voltar atrás. Por fim, fica evidente que afinal de contas ele não é tão maravilhoso assim, bem, isso é detestável. Assim sendo, naturalmente fui especialmente cuidadoso ao analisar se a sensação de fato se justifica como função. Então, hoje em dia devo dizer que é totalmente ridículo duvidar desse ponto. Claro que é uma função.

Vejam, naquela época eu não sabia a respeito da intuição. Ficou por último, pois obviamente é a mais difícil. Pois realmente não há como avaliá-la apropriadamente, ela não é racional. É racional pensar ou querer saber o que uma coisa é. É igualmente bastante racional saber ou aprender o quanto algo vale para você. E, por fim, é igualmente bastante racional constatar que certa coisa existe, trata-se da sensação. E agora? Vejam, não há nada além disso e, sendo assim, digo que temos três funções. E eis que tive uma paciente, uma senhora inteligente que, em certo sentido, era muito esperta, porém altamente neurótica. Um dia ela me disse: "Por que o senhor não fala sobre a intuição?" Respondi: "A que se refere com intuição? Não é uma função".

Vejam, não estava incluída nas minhas três funções. O que, afinal de contas, é a intuição? É um embaraço. Não é nada. Como podemos definir uma intuição? De repente somos lembrados de algo, prevemos certa coisa, algo provavelmente impossível de se prever? É muito ilegítimo, sabe, muito ilegítimo. Como podemos saber algo de antemão, ninguém sabe algo de antemão, são apenas conjecturas. Um professor inglês, que escreveu uma crítica muito científica sobre a ESP [percepção extrassensorial] de Rhine, disse: "Todas essas recognições e funções da ESP não são nada mais do que conjecturas!" [Risos] E ele achava que estava dizendo algo grandioso: nada mais do que conjecturas.

Assim eu disse: "Ah!, isso não é nada mais do que uma adivinhação bem-sucedida ou algo assim, não é uma função". Mas vejam, isso que essa senhora disse me deu uma sacudida. E comecei a prestar atenção. Comecei a estudar o que é intuição e assim descobri como essa coisa se dá e soube: "Ah!, ela naturalmente é intuitiva". Estudei-a com muito empenho e, quando percebia uma certa expressão em seu rosto, eu sabia: "Agora ela está intuindo". [Risos] Essa expressão era um tipo de expressão indefinida, era impossível saber do que se tratava. Ela simplesmente cravava os olhos em algo, atravessava algo com o olhar e então eu sabia: "Agora ela vai dizer algo", e assim era.

Se quiserem saber a que me refiro quando falo desse olhar peculiar, olhem para a pintura de *Goethe por Stieler*[8]. Lá ele tem o olho intuitivo. Vejam, observei este caso em todas as fases. Na mesma época tive um paciente que era um tipo sensação. Um observador muito acurado e objetivo das coisas tais como são. Em seguida, os dois se conheceram e ocasionalmente ele a convidava para um pequeno passeio de barco no lago. Lá perceberam os mergulhões, aqueles pássaros no lago, e começaram um

---

8. Joseph Karl Stieler (1781-1858) pintou em 1828 um conhecido retrato de Goethe.

jogo que consistia em adivinhar onde o mergulhão reapareceria e quem o veria primeiro. Ele falhou em todas as suas apostas e ela estava sempre à sua frente.

Então ela que, de uma forma que chegava a ser sinistra, não tinha consciência da realidade, via reaparecer todos os pássaros primeiro. Ele falhou em todas as suas apostas porque agiu de forma legítima conforme podemos observar: Apenas preste atenção, olhe para onde o pássaro poderá ressurgir. Ela não fez nada desse tipo, não observou nada de forma alguma, ela farejava – agora me expliquem isso.

Mas percebi que aquilo era uma função. É algo que existe, mas é algo como ESP, e isso não é permitido em uma sociedade decente. [Risos] Assim sou confrontado com isso.

Essa foi a minha primeira derrota. Foi quando se formou uma grande sombra, pois admiti a existência da intuição. O que de fato é uma obscenidade, pois não pode ser, não deve ser: Alguém que não observa, observa melhor do que um observador treinado. Isso é um fato.

Agora não sei como cheguei nisso, como cheguei nessa discussão sobre as quatro [Risos] funções?

[Pergunta:] Gostaria de retornar para...

[C.G. Jung:] Sim.

[Pergunta:] Pois foi uma pergunta sobre a repressão...

[C.G.Jung:] Sim, sim, sim.

[Pergunta:] ...supressão ou repressão e como alguém...

[C.G. Jung:] Não, repressão, repressão.

[Pergunta:] ...e como alguém explicaria esses conteúdos que jamais estiveram conscientes e mesmo assim foram claramente reprimidos.

[C.G. Jung:] Bem, quando algo jamais esteve consciente então não pode tratar-se de uma questão de supressão consciente.

Vejam, a repressão da forma como Freud parece compreendê-la na verdade seria uma supressão, pois há uma vontade que suprime. Mas sabe, ele não tem uma clareza total a respeito. Até onde me lembro das nossas conversas a respeito, sempre tive a impressão de que ele estava se referindo a algo que não estava de fato fazendo, algo que de certa forma sucedeu a ele e naturalmente trata-se do superego – que naquele tempo não era uma questão. Não existia naquela época.

Então vejam, o seu conceito de repressão sempre tinha um pouco de algo involuntário. Apenas aconteceu de alguma forma. Alguém descobriu alguma coisa, porque o pai disse algo assim e assado ou porque lemos na Bíblia que não devemos fazê-lo ou que é errado. Assim sendo, ele jamais assumiu a responsabilidade plena pelo termo ou fato da repressão. Tomem, por exemplo, o censor no sonho – é a mesma coisa, sabe. O censor acontece no sonho. Está ativo no sonho onde não se está adequadamente consciente e ninguém pode dizer que nós somos o censor. Mas o censor existe e faz com que alguém não sonhe algo obsceno ou incompatível. Também tive essa discussão com o Dr. Freud pessoalmente. Eu disse: "Admito que, quando sonhamos com um revólver, com um rifle, uma bengala, um coruchéu, isso pode ser um símbolo fálico. Mas quando sonhamos com um pênis real, o que acontece?" – "Ah, então o censor não funcionou." [Risos]

Desse modo, o censor é uma figura autônoma, algo muito místico. E mais tarde ficou óbvio que se tratava do superego. Mas na época que estive com Freud esse conceito não existia. Sendo assim, essa ideia de repressão permaneceu um pouco no escuro. Mas, quando falo de sua teoria, tenderia a usar o termo supressão – sei que é errado, por isso precisa ser eliminado. Ou conforme diz Nietzsche: "Foi isto que eu fiz – não posso tê-lo feito, não posso fazer, não posso ter feito algo assim!"[9] Por fim a

---

9. A citação à qual Jung se refere diz: "'Eu fiz isto', me diz a memória. 'Não posso

memória se apaga, e isso significa que aquilo já não existe mais. Vejam, é assim que funciona a repressão. Mas, quando deslocamos a questão para a luz, precisamos dizer: "Bem, por tal e tal razão estou inteiramente consciente de que não considerei os mandamentos, tenho a minha educação, e por essas razões excluirei tal coisa. Abandoná-la-ei ou pisarei nela com os pés". Ali então estará inconsciente.

Mas, diferentemente dessas repressões, há coisas que definitivamente não são reprimidas, pois são inteiramente inconscientes. Começam a germinar no inconsciente, alcançam um certo nível e de repente afloram e cá estão. Jamais foram reprimidas, pois não se sabia a respeito delas. Se assumimos que a repressão trabalha de forma inconsciente, então seremos confrontados com o fato de que uma coisa que não conhecemos é suprimida por algo sobre o qual não sabemos nada. Então, como isso é possível? Pois, quando alguma coisa se encontra no inconsciente, simplesmente não temos consciência dela e, sendo assim, não podemos dizer que algo está acontecendo lá, pois não sabemos. Desse modo, essa hipótese de que a repressão trabalha por si, por assim dizer, que os conteúdos são desconhecidos, a repressão, o fato é desconhecido – apenas pressupomos que há algo assim, sabe. Na realidade não sabemos de nada. Não conhecemos nem o repressor nem o reprimido; assim sendo, precisamos descartar essa possibilidade.

---

tê-lo feito', sustenta meu orgulho que é inexorável. Finalmente – cede a memória" (NIETZSCHE, F. *Além do bem e do mal*. Quarta parte. Curitiba: Hemus, s.d. [Trad. de Márcio Pugliesi].

Parte II

[C.G. Jung:] Há aqui, por exemplo, uma questão do Dr. Spiegelman sobre o símbolo e a sua diferença em relação ao sinal. Bem, este é um tema que os senhores conhecem, provavelmente estão bem-informados a respeito, pode ser encontrado praticamente em qualquer lugar. É algo elementar que não necessita de uma resposta especial.

Por outro lado, existe a questão se um símbolo central que dá forma à sua vida é necessariamente inconsciente. Não é o caso, absolutamente não, não é necessariamente inconsciente. Pode ser altamente consciente; pensem, por exemplo, no símbolo cristão ou em algum outro. Trazer um símbolo inconsciente à consciência não esclarece esse símbolo ou o esvazia de seus conteúdos. Pelo contrário, ele pode continuar – enquanto não estiver ultrapassado, é claro. Isso significa: enquanto *expressa a constelação subjacente*. Quando *isso* muda no decorrer do tempo, talvez no decorrer de um longo tempo, então está ultrapassado e já não expressa mais nada, nem por inteiro, nem parcialmente. Agora, a ideia de sincronicidade não tem nada a ver com projeção, com projeção psicológica; estes dois conceitos são incomensuráveis.

O processo de individuação das assim chamadas pessoas "simples"

Agora temos outra pergunta, quer dizer – desculpem-me por estar fumando, mas quando a vida terminar, isso acaba. Bem,

esta é uma pergunta em alemão de Monsieur Caracciolo: "Como se desdobra o processo de individuação no caso de pessoas que não sabem nada de psicologia, no caso das assim chamadas pessoas normais ou, melhor, 'simples'? Suponho que o processo de individuação ocorra igualmente no caso dessas pessoas, que ele seja um processo espontâneo e natural. É possível que no caso dessas pessoas esse processo tenda a se realizar através de determinadas experiências, atitudes e símbolos coletivos?"

Muitas vezes me fizeram essa pergunta com base no pressuposto de que o processo de individuação seria, por assim dizer, uma medida terapêutica que o médico aplica para libertar um paciente de uma neurose. Naturalmente não é esse o caso, de maneira alguma. O processo de individuação é aquilo de que todo ser é capaz. Quando enfiamos uma glande na terra, nasce um carvalho e, quando um tigre tem um filhote, então teremos um novo tigre e não uma alface. O processo de individuação é um processo natural que ocorre em qualquer lugar e, se o Sr. desejar estudá-lo em sua simplicidade natural, vá até os primitivos e verá o processo de individuação belamente em flor.

Eu trouxe um livro para o senhor, um livro novo[10] sobre os *Naskapi Indians* em Labrador. Eles acreditam que todo mundo possui o Great Man dentro de si, quer dizer, o Grande Homem. Essa é uma ideia característica da filosofia chinesa. Lá é *Chên-yên*, o homem completo, o homem inteiro, o homem perfeito, isto é, o que os alquimistas chamaram de *homo quadratus*, the square man [o homem quadrado], the real man [o homem verdadeiro]. E eles, a propósito, dizem: **"O grande homem se revela nos sonhos, todo indivíduo possui um e consequentemente tem**

---

10. SPECK, F.G. *Naskapi – The savage hunters of the Labrador Peninsula*. University of Oklahoma Press, 1935.

sonhos". Aqueles que respondem aos seus sonhos, à medida que os consideram seriamente, à medida que refletem sobre estes, à medida que tentam interpretar o seu significado em segredo e à medida que averiguam a sua verdade, podem cultivar uma comunicação mais profunda com o Grande Homem. Então o enxergam melhor em termos de qualidade. A próxima obrigação do indivíduo é seguir as instruções que lhe são dadas nos sonhos e memorizá-las através de representações artísticas, por exemplo: Esta imagem aqui. Isto então é um mandala dividido em quatro[11], conforme o conhecemos de nossa prática, ele já se apresentou centenas de vezes. Então, eis o processo de individuação in a nutshell [em uma casca de nozes, em miniatura].

Curiosamente, o autor diz que esse Great Man seria claramente o eu. Bem, na prática ele já é um scientist [cientista] moderno – não é? – para afirmar tal disparate, pois ainda não sabe distinguir entre o que sou Eu e o que é Isso [Es]. Esses primitivos dizem claramente the great man that is in everybody, quer dizer, o Grande Homem que se encontra em todos nós, the square man, o *homo quadratus*, e do qual recebemos sonhos. Não dizem que os sonhos provêm do Eu e sim *Dele*. E dizem the Great Man, pois todos se sentem um *small man* [homem pequeno]. Os primitivos com quem falei chegaram a ser tão humildes a ponto de dizerem que ninguém tinha grandes sonhos. Sonhos não têm significado algum, nós não temos sonhos. Então eu disse: "Como assim, vocês não têm sonhos?" Então eles disseram: "Isso não é nada, o medicine man ou o chief, o chefe da tribo, *este* tem sonhos".

São estes os grandes sonhos da tribo, são as personalidades Mana, não é? O chief é Mana e o medicine man é Mana e

---

11. Figura do mandala, cf. p. 77.

eles têm os grandes sonhos. Mas o ser humano comum, o homem comum não tem sonhos, não tem sonho algum, sobre isso nem se fala. Bem, isso demonstra o quanto eles valorizam os sonhos e o que isso representa quando alguém tem um Mana. Bem, essas pessoas são índios, encontram-se um pouco mais avançadas do que os meus negros, esses eram demasiadamente primitivos. Mas isso é um estado superior, uma representação universal, a ideia de que todo mundo possui o Grande Homem e trata-se claramente do *Chên-yên* da filosofia chinesa. Trata-se do contexto mongólico antiquíssimo das peregrinações indígenas. Conforme os senhores podem ver, é o Grande Homem que dá os sonhos, por isso deve-se seguir os sonhos. E os sonhos são *a deo missa*, são sonhos que procedem dos deuses e consequentemente são os reais indicadores do caminho da vida; são revelações. Bem, nesse sentido esses índios assim tão primitivos estão inteiramente acima da nossa compreensão. Só podem ser interpretados erroneamente pela consciência ridícula do homem branco quando este afirma que *ele* é isso [es], que *ele* faz os seus próprios sonhos, que *ele* é capaz, capaz de fabricar sonhos para si, que *ele* seria aquele que tudo gera, caso contrário, nada existiria. Então olhem esse mandala – poderiam passar o livro adiante? – é a imagem do Grande Homem, é o mandala dividido em oito. Nenhum desses índios jamais teria a ilusão de se tratar do Eu; ao contrário, trata-se do mundo do Grande Homem, é assim que o Grande Homem se apresenta. Ele é um símbolo.

Outra forma que nos possibilita o estudo da individuação é, por exemplo, a forma histórica – a história das iniciações, dos mistérios. Lá encontramos tudo, tudo está ali, independentemente se são gregos ou egípcios ou qualquer outra coisa; todos esses símbolos estão a serviço da individuação, isto é, para entrarmos em contato com o Grande Homem, com o Grande

Ser Humano, e realizarmos a nossa vida. Esse é o sentido da *Imitatio Christi*, esse é o sentido dos mistérios de um Osíris, por exemplo. Era também, em todo caso, o sentido dos mistérios de Mitra, pois este foi o deus dos soldados e expressava a natureza do herói; por isso era um *toreador* [toureiro]. E ainda podemos ver esse símbolo em sua forma viva nas *corridas*.

Sobre o *puer aeternus*

Há ainda uma pergunta sobre o *puer aeternus*, essa figura conhecida entre os homens. Perguntaram-me repetidas vezes como imagino uma figura desse tipo. Então eu digo: "É simplesmente uma metáfora para representar um determinado tipo de comportamento, um modo de comportamento". **Bem, devo responder isso em inglês – o *puer aeternus* é um modo de comportamento. É um modo instintivo de comportamento ou um modo de se safar da vida – [Risos], sim é uma *Verhaltensweise* [modo de comportamento]. No caso da mulher, a figura correspondente é a *puella aeterna*. Naturalmente, esse não é um termo clássico, é um paralelo moderno do *puer aeternus*. Nessa ocasião devemos ter consciência de que a psicologia é recente e, na época em que foi cunhada a noção do *puer aeternus*, *as mulheres não tinham psicologia*, vejam, elas não existiam. E mesmo que os antigos tivessem sido capazes de inventar um termo como o da *puella aeterna*…, mas não é um termo antigo. Atualmente é uma figura definida, a eterna menina que jamais pode morrer e que floresce até os 80. Por via de regra, a *puella aeterna* – exceto em casos específicos, mas por via de regra – aparece muito tarde na análise, naturalmente sob a condição de a senhora em questão ser alguém com uma reputação razoável. Vejam, se ela não for de fato respeitável, então a *puella aeterna* poderá aparecer no primeiro dia, mas não necessariamente, e em geral podemos dizer que, no caso de certo status social, leva anos e mais anos até a** *puella* dar as vistas. Vi as coisas mais notáveis nesse sentido[12]. *Difficile est satiram non scribere.* A *puella* aparece muito tarde e sempre representa um problema bastante difícil. A que perigos o analista precisa estar atento? Vejam, esta é uma pergunta muito adequada, pois é um problema um tanto infernal quando somos confrontados com isso – quanto maior a respeitabilidade da senhora em questão. Senhoras menos respeitáveis são menos perigosas ou nos geram menos aborrecimento. Mas a senhora respeitável pode ser um caso imperioso, pois foi reprimida durante tanto tempo, a coisa permaneceu inconsciente por tanto tempo e o contraste é tão terrível, e particularmente quando as mulheres são velhas.

A nossa natureza passional primitiva, ctônica, animal

Permanecem duas perguntas que abordaremos em seguida, especificamente a pergunta: "O que o homem deve fazer com a sua natureza passional, primitiva, ctônica, animal? No mundo ocidental as paixões ctônicas foram identificadas com o mal e as paixões espirituais com o bem. Ao invés de negá-las ou transcendê-las, o psicólogo possivelmente responderá que devemos aceitar as obscuras forças instintivas. Devemos incorporá-las e parar de projetá-las. Mas o que significa aceitação e de que forma ela torna a coisa menos destrutiva?"[13]

---

12. É difícil não escrever sátira (JUVENAL. *Sátiras*, I, 30) [N.T.].

13. O Dr. Stein continua perguntando: "O homem tem boas razões para temer as forças satânicas. Apenas quando estas são unificadas com as forças da luz, a transformação acontece e nasce um novo princípio criativo. Talvez essa criação da divindade unificada vá mais além e precise igualmente se dividir para criar uma nova paixão [...] uma nova separação, união, e assim por diante. Desse modo, o ciclo eterno de nascimento e renascimento é perpetuado. Esse ciclo continua permanentemente ou o homem exerce uma função específica em relação a ele? A sua singularidade talvez seja essa de dizer 'sim' e 'não'?"

Essa é uma questão séria e muito decisiva, uma pergunta na maior parte das vezes inteiramente malcompreendida. A questão não é se essa coisa pode ou não ser aceita. Ela não pode ser aceita. É justamente esse o problema. Ela *não pode* ser aceita. Quer dizer, quando pensamos sobre um caso muito difícil desse tipo, é um caso impossível. Mas se o analisarmos por um tempo suficientemente longo, de modo honesto e inteligente, chegaremos a esse problema. Chegaremos ao problema impossível. É uma regra tal, a ponto de eu dizer que é impossível analisar alguém enquanto não se chega a um problema impossível. Quer dizer, um problema sem saída. [...] Nesse tipo de caso, a pessoa reprimiu grande parte de sua natureza instintiva e na análise obviamente qualquer um pode observar como esta emerge e agora está bem ali diante de nós. Mas o que faremos a respeito disso? Como se fôssemos fazer algo a respeito. Ninguém é capaz de lidar com isso, ninguém sabe como lidar com isso, estamos completamente perdidos com esse problema. Antes de tudo, é preciso ter consciência disso! Naturalmente, o analisando perguntará: "O que fará a respeito?" Responderei: "Perdoe-me, senhora, não farei nada a respeito, não estou preocupado com a sua maldita natureza instintiva, isso é problema seu". E devo dizer o mesmo a um homem. Não sei, não tenho prescrição. O que pode ser no seu caso? Ninguém é capaz de dizer. Ninguém sabe. Naturalmente, o analista, por razões de prestígio, sente que deveria dizer: "Bem, a senhora sabe..." – É um engodo! "Veja, a *puella* precisa ser sublimada." Ninguém sabe como sublimar algo assim, isso é igualmente um disparate. Agora, o que *eu* digo a uma pessoa desse tipo é o seguinte: "Vá dormir, pense sobre todas as coisas que a preocupam, sobre a questão impossível de ser respondida e veja o que sonha". Não tenho resposta. Ninguém tem resposta. Agora veja como a sua própria natureza ou o inconsciente ou sabe lá Deus o quê, veja como isso reage.

Mas, claro, essa é a suposição subjacente dos índios, que o Grande Homem Velho irá falar, o Homem Velho de dois milhões de anos irá falar, essa é uma situação vital; há aí um impasse, nos encontramos em um *cul-de-sac* [beco sem saída] – e apenas *então* escutaremos a voz e *isso* [it] falará no sonho. Essa é a razão pela qual precisamos entender os sonhos; caso contrário, jamais sairemos desse impasse. Bem, vejam, empilho um monte de simbolismos e todos juram por isso. As pessoas pensam: quero provar a minha teoria amontoando esses simbolismos. É um erro terrível, sabe, acumulei esse tipo de informação para dar ao analista a chance de saber sobre simbolismos e desse modo ele poder interpretar os sonhos. Pois apenas os sonhos podem responder de forma apropriada, mais ninguém. É justamente esse o problema: jamais podemos responder o que fazer com essa maldita natureza ctônica do homem. A única resposta é o inconsciente, e então naturalmente diremos: "Ah!, o inconsciente! O que ele sabe? O que pode vir de lá?" Como se soubéssemos. Como se conhecêssemos a natureza. Como se soubéssemos qualquer coisa sobre a psique. É uma *hybris* maldita, nós não sabemos de nada!

Mas vejam, o Homem Velho de dois milhões de anos, ele deve saber de alguma coisa. Não acho que isso seja um exagero. Talvez ele tenha alguns milhões de anos a mais ou a menos, mas há aí algo como a natureza, há algo como um homem instintivo. Se quiserem conhecê-lo, vão até os primitivos, olhem para eles, falem com eles e então verão a coisa em ação. Sim, eu não tenho dificuldades em falar com os primitivos. Posso me entender com eles muito bem, muito facilmente. Quando falo do Grande Homem ou de algo equivalente, eles entendem. Sabem que estão se confrontando com poderes. Mas nós que moramos nas cidades acreditamos que não há poderes – ou sim – a polícia ou os comunistas ou a Rússia, algo nesse sentido. De outro modo, ele é sempre superior. Olhem para esse pobre rapaz, para este homem, ele tem uma previsão, é um grande mérito seu ter escrito esse livro. Mas acredita que o Grande Homem seja... Resumindo, uma contradição absoluta em relação ao que os índios contaram para ele.

Há um Grande Homem em nós e é isso que chamamos de inconsciente. É algo que reage, pois *temos* sonhos em tais condições. Então cabe ao analista olhar para um sonho desse tipo e ajudar o paciente a entender esse sonho. Por isso, ele necessita do saber para ser capaz de interpretar o que o inconsciente diz. E, acima de tudo, precisa ter coragem, precisa ter coragem de acreditar em sua própria interpretação no interesse do paciente. Mesmo quando não tem certeza absoluta, precisa ser capaz de dar crédito à sua própria interpretação. Isso é muito difícil. Quando alguém tem uma mente crítica, terá uma infinidade de objeções intelectuais. Mas vejam, é uma questão de *esperança* imediata. É como se um homem se estivesse esvaindo em sangue e nós estivéssemos lá deliberando qual seria o melhor método de parar essa artéria. O professor tal e tal diz que precisamos fazê-lo dessa forma; um outro diz que não, devemos fazê-lo daquela forma. Bem, nesse meio-tempo o homem simplesmente caiu morto. Na prática é assim, sabe. Muitas vezes me encontrei na situação de ter que dizer: "Pelo amor de Deus, eu não sei. Mas me parece que é algo assim". E *assumam-no*! Podemos nos perguntar alguns segundos depois: "É de fato o melhor que eu podia dizer?" Quando concluímos que sim – por Deus, é o melhor que posso dizer nesse caso, mesmo quando preciso reconhecer que alguma outra pessoa possa dizer algo melhor. Mas não há tempo, algo precisa ser feito *agora*.

Lembrem-se: Se for um erro, o inconsciente o corrigirá. Mas os senhores acreditariam que o inconsciente seja capaz de corrigi-lo, os senhores iriam tão longe assim? Ninguém pensa que o inconsciente possa dizer algo substancialmente importante. Alguém pode supor: "Claro, isso tem a ver com a sua dificuldade" e assim por diante, mas a longo prazo o que poderia saber o inconsciente? Precisamos saber que o processo de individuação, isto é, a urgência de se tornar o que se é, é de uma força invencível. Podemos sempre contar com isso e podemos ter certeza que o inconsciente – caso nós não estejamos interessados em nosso próprio destino – o *inconsciente* está. [...] Isso é difícil. É muito difícil. É um ato de coragem tanto por parte do analista como por parte do paciente. Os senhores dizem, por exemplo: "Posso confiar nesse gajo? Posso confiar em mim?", e ele pensa: "Posso confiar em meu paciente ou confiar em meu saber? Talvez a minha interpretação esteja completamente errada!" Ele precisa apenas ter certeza de que é o melhor que ele pode fazer e que deve ser o melhor que ele pode fazer, vejam bem. Não há enganação, pois isso corrompe o caso logo de início. Não é possível enganarmos nós próprios. Quando sabemos que agimos assim, de forma leviana e rotineira, então sabemos que o diabo está na nossa cola.

A *hybris* do intelecto não nos leva a lugar algum. Por isso, precisamos aceitar o que o inconsciente produz e cabe a nós entender a sua linguagem. É a linguagem da natureza. Não é a nossa linguagem, é a lógica da natureza, a inteligência da natureza e a moralidade da natureza que precisam ser traduzidas para uma forma humana. A forma é a tarefa. E vejam, essa é a razão da dignidade do homem. Ele traz sentido para a criação, pois não há reflexão na criação. [...] Quem possui reflexão é o homem. Essa é a sua tarefa e, se ele cumprir essa tarefa, pode viver. Pode viver de forma autêntica e não se encontra esterilizado. Mas, quando se coloca acima, encontra-se esterilizado, estúpido. É algo incomensurável com a ciência. É justamente a base da ciência – que cientista irá observar um processo na natureza e supor que este não existe ou que seja nada mais do que isso ou aquilo? Tudo isso são preconceitos, vejam, ele observa justamente o que há. Se observamos verdadeiramente os fatos que ocorrem em nós, então somos suficientemente científicos. *Esta* é a base da ciência.

O vínculo entre o analisando e o analista

Agora há outra pergunta: "Não será o vínculo *humano*, não apenas o vínculo transpessoal, um elo central e vital na análise? Estou me referindo ao vínculo entre analisando e analista.

Bem, eu sempre defendi o ponto de vista de que o analista é um ser humano, sabe, pertencente à espécie do *homem sapiens*. E desse modo penso que o paciente que acredita que seu analista é um monstro transcendente e não alguma coisa humana é simplesmente um idiota. Mas quando o analista supõe ser transcendente ou um tipo de – lá sei eu – fantasma ou abstração, então é ele o idiota maior. Ninguém se livra do fato de ser humano e não se deveria envergonhar por isso. É esta a nossa condição: Somos humanos. Por isso, quando falo a um outro ser humano e não sou humano, sendo de alguma forma abstrato, bem, então assumo o papel de Deus ou não sei mais o quê. Ou acredito que o outro é um mero pensamento e isso também não é verdade. Sendo assim, vejam, se as circunstâncias forem verdadeiras e naturais, o analista é um ser humano e o analisando é um ser humano. A sua *Auseinandersetzung* [confronto], isso significa a situação de diálogo, consiste no mínimo em duas partes, em duas personalidades humanas. Isso é simplesmente assim, mesmo que um esteja deitado num divã coberto até o pescoço e o outro sentado atrás dele envolto em uma nuvem de fumaça de charuto. [Risos] Ambos pertencem à espécie humana. [Risos] Tanto um como o outro podem ter certeza absoluta que desde o início ambos pensam, em princípio, a mesma coisa.

Vejam, quando a paciente pensa: "Ele é um homem simpático", então provavelmente o analista pensa: "Ela é uma mulher simpática! Não é?" ou algo nesse sentido. Se o paciente pensa: "Ele é um idiota desagradável!", então provavelmente o outro pensa: "maldito traste!" ou algo nesse sentido [Risos], entendem?

Bem, essa é a base. Um homem natural – e um sound man [homem saudável] – parte dessa base natural. Então, pensando em uma situação objetiva – isso está absolutamente fora de questão. Isso é perfeitamente ridículo. É totalmente impossível. Algum analista em posse de seu bom-senso pode supor que, quando pensa algo ruim sobre o seu paciente ou quando o seu paciente o enoja, este não perceberá? Com certeza o paciente vai farejar e vice versa. Aquilo que *somos* é tão mais forte do que as nossas medíocres palavras. O paciente é permeado por aquilo que somos, não pela nossa fala, ele mal escuta o que dizemos. [Risos] Vejam, os pacientes escutam surpreendentemente pouco. Os analistas são fortemente permeados pelo verdadeiro ser de seus pacientes e, por serem analistas, não podem admiti-lo. Isto é totalmente ridículo. É infantil, simplesmente infantil. Bem melhor do que escutar, é ter uma concepção consciente do que sentimos ou de nossos pensamentos íntimos.

Tive uma paciente que me contou uma história contínua com a maior intensidade e falava tanto – naturalmente era uma história de animus – que por um momento adormeci. Então eu disse a ela: "A senhora percebeu?" E ela: "Não, o quê?" Respondi: "Bem, acabo de adormecer". "É mesmo? A propósito, eu queria dizer..." [Risos] *[Non arrivé!]* [não chegou]. Independentemente de eu dormir ou não! Vejam, quando as pessoas são naturais, possuem imediatamente um monte de informações sobre outras pessoas. Isso simplifica bastante as coisas, mas as complica, visto que cada um possui problemas não resolvidos.

O analista tem determinados problemas não resolvidos, pois está vivo. Continua vivendo e, desse modo, precisa ter problemas não resolvidos; caso contrário, estará morto. A vida é um problema a cada dia e, por isso, jamais nos encontramos concluídos antes de estarmos de fato concluídos. Então, vejam, é totalmente possível um daqueles problemas vir à tona, entrar em cena e bem provavelmente o fará. Isso explica aqueles casos bem frequentes – alguns afirmariam ser uma regra – onde certos analistas recebem certos pacientes que formam o *emplastrum* [emplastro] particular de que necessitam. Recebem justamente aquele caso que os confronta com eles mesmos. Mesmo quando não é tão provável um caso trazer à tona um certo complexo do analista, eu, por mim, naturalmente tenho certeza de que em pouquíssimo tempo cada um de nós cai nessa cilada. Isso precisa ser assim, realmente; trata-se do contato humano básico e, se agirmos da forma correta, constitui o mais poderoso método de análise. Mas, quando agimos da forma errada, a análise é interrompida, tudo que foi construído explode. Desse modo, o analista é fadado a conhecer os seus próprios complexos. Deve temê-los para que seja capaz de admitir o seu ponto fraco quando o paciente tocar neste.

Desse modo, a partir de um determinado estágio, onde o paciente alcançou uma quantidade razoável de insights e uma cooperação razoável, não hesito em contar para o meu paciente, de informar o meu paciente que sonhei com ele. Pois, quando sonho com ele, ele constitui um problema. Tocou em algo em mim onde não sou o mestre, não estou no comando das minhas próprias questões, encontro-me submetido a elas, e ele também. Pode acontecer que, ao contar essa história ao paciente, este diz: "Ah!, certo, é isso, sonhei isso e aquilo!" e então ele me traz um sonho que elucida o meu próprio problema. Isso significa que agora alcançamos um lugar onde poderei tirar proveito dessa análise, sou ajudado em meu próprio problema e ajudo o outro. Eu o chamo de trabalho *pater noster* – os senhores sabem o que é isso, um trabalho *pater noster*? Nas antigas minas onde ainda não havia elevadores, havia longas escadas móveis que se moviam sempre naquela direção. Desse modo, pisava-se na primeira, e quando a outra escada surgia pisava-se naquela e depois pisava-se em outra, e assim subia-se muito rapidamente por essas duas escadas que simplesmente se moviam dessa forma. Isso é trabalho *pater noster*.

Desse modo, vejam, um passo à frente do paciente pode ser igualmente um passo à frente para o analista. Trata-se do intercurso humano, não é possível estar com alguém sem ser completamente permeado por essa outra pessoa. Mas, [se] não percebemos isso, quando não sabemos disso, falaremos coisas que pertencem a outra psicologia, não à nossa, e uma certa atmosfera toma conta de nós e irá aumentar ou diminuir os nossos próprios pré-conceitos. E sendo assim, quando analisamos um paciente durante um tempo determinado, algo desse tipo ocorrerá. Então precisamos ser sábios. Precisamos saber onde nos encontramos e teremos que compartilhar certos julgamentos, opiniões, humores etc. talvez um tanto particulares. Quando um paciente diz: "Ah! doutor, que pena que o senhor esteja tão mal-humorado hoje" e respondemos: "Ah! não, de forma alguma, de forma alguma", é porque não fomos capazes de admitir a nossa própria condição. É um ponto contra nós. Acredito ser um ponto contra um paciente que avançou consideravelmente quando digo: "E o *senhor*? Como está hoje? O senhor está estranho!" "Ah! não, não estou estranho de forma alguma! Estou perfeitamente normal." Bem, isso não se sustenta, sabe. Em seguida vem à tona o que *deveria* ter sido *dito*, algo especialmente importante no caso de tipos sentimento. No caso de tipos sentimento precisamos nos informar todos os dias: "E então?" Informar-nos praticamente sobre o tempo: "Como o senhor se sente, como o senhor me vê, que espécie de sentimento tem a meu respeito, que coisas está ruminando hoje?" – para estar a par das coisas, sabe. Pois, vejam, o tipo sentimento, por exemplo, é para o intelectual um tipo desagradável, pois de tempos em tempos toca nas suas próprias deficiências. Ele desconhece os seus sentimentos e não tem consciência de seus sentimentos. [...] Tudo isso são formas comuns de inferioridades ou de funções inferiores, sabe.

Em seguida: "A ênfase na 'análise da transferência' não exclui a possibilidade de o analista funcionar na condição do xamã ou curandeiro ou psicopompo?" Espero que ele seja impedido o máximo possível! Vejam, é exatamente por isso que há a análise da transferência, no sentido de a questão da transferência ser entendida como um tipo de projeção que impede a compreensão clara da situação.

Agora um dos maiores obstáculos para uma compreensão clara é a projeção do xamã, do psicopompo, do curandeiro, do doutor espiritual, do grande espírito, do salvador. A partir do momento em que somos elevados a tal categoria, nos tornamos impotentes! Quando um analista é um idiota, então estará completamente cegado e perdido num mar de névoa. Por isso, sempre que aparecerem sinais de um tal arquétipo ou projeção arquetípica, trata-se de um alerta. Sendo assim, dizemos imediatamente: "Pelo amor de Deus, o senhor acredita que sou um xamã ou algo assim?" É algo que precisa ser desencorajado o mais rápido possível, pois se trata de um arquétipo e o arquétipo irá dominar a situação. O analista assume o papel do arquétipo e se encontrará de volta ao xamã e será tão incapaz de realizar milagres como, por via de regra, o xamã é.

Encontrar-se-á completamente impedido e qualquer problema da vida é excluído por inteiro. Mas quando essa coisa é analisada, por exemplo, o complexo paterno, vejam, esse é o âmago da questão e é o que eleva o analista à função de um semideus – claro que isso precisa ser analisado, claro que isso precisa ser reduzido ao tamanho do homem. Mas o ser humano continua existindo, essa não é a questão da transferência em sua totalidade, seria simples, sabe, poderíamos passar a questão para o paciente na forma de um formulário e assinaríamos este formulário: "Declaro não ser um xamã, não ser Deus, não ser Cristo, não ser um salvador, não ser isto ou aquilo" e eu o entrego ao paciente e este confirma, então tudo está ok. Mas vejam, a transferência é algo vivo, pode aparecer na forma da transferência do pai, do Cristo ou qualquer coisa desse tipo. E isso é um erro, um desvio que não é exercido ou produzido pela má vontade do paciente, e sim, pela sua perplexidade. Ele não sabe quem é este outro camarada, será que ele é Jesus Cristo ou Buda ou um xamã ou algo desse tipo? É uma palavra infeliz que ele usa na falta da palavra certa. Ele não sabe o que há aí.

Por outro lado, se ele fosse um Nascapi, diria: "Ah! sei, é o Grande Homem dele, o Grande Homem dela". Então ele teria a fórmula: "Agora vejo: ele é o Grande Homem e será que eu também não possuo um Grande Homem desse tipo?" Será que essa é uma questão entre dois Grandes Homens e não entre o Sr. tal e o Sr. tal ou a Sra. tal? Os Nascapis teriam uma grande vantagem. É um trabalho enorme até que as pessoas possam reconhecer isso e quantos analistas atuais o compreenderiam? Bem poucos, eu diria. Mas é este o ponto da análise, entende: primeiro parece que ele é o papai bom ou o papai mau e depois ele é isso ou aquilo, e assim por diante, toda uma série de coisas. Tudo isso são tentativas de avaliar o enigma, e é vital para o paciente que ele o decifre. Pois, caso não o decifre juntamente com o analista, não será capaz de decifrar a si próprio. Não há mais ninguém para escutá-lo, por isso precisa ser o analista. O analista precisa ser capaz de responder a essas questões de modo que o paciente possa ver o que ele ou ela é. Se não podemos nos comparar com algo não podemos dizer: "Sou isso e não aquilo". Desse modo, precisa ser capaz de dizer: "sou isso", mas poderá dizê-lo somente quando souber do que se trata e, sendo assim, é este o objetivo dessa forma de transferência.

Então vamos supor que encerramos essas perplexidades e, mesmo assim, permanece a questão da transferência. Permanece a mesma coisa e não temos nome para isso, deve ser algo de ordem inteiramente pessoal. Isso é embaraçoso, pois ambos sabem que não é assim. Se forem sinceros, não é isso, é algo diferente. Qualquer um convencido de que há um inconsciente e que existe algo como os arquétipos – bem, essa pessoa deve ser parabenizada, pois sabe do que se trata. Ela sabe: "Ah!, há aqui um arquétipo em cena e é o Grande Homem" ou seja qual for o nome que dará à coisa que atua nos bastidores. E então descobre que a transferência no fundo não é de forma alguma uma fantasia pessoal que precisa ser reduzida. Apenas perdemos um imenso valor quando a reduzimos à personalidade, à personalidade individual. Deve-se usá-la a partir de sua ligação com o inconsciente coletivo, com a verdadeira fonte da vida. Desse modo, se formos sábios, devemos instruir nosso paciente sobre a dupla possibilidade do homem. Isto é, que ele é inteiramente pessoal, o que de forma alguma é diferente do animal; ou que ele presume que há algo maior do que a personalidade humana, quer dizer, o Grande Homem ou algo desse tipo, que é a prerrogativa do ser humano. Sendo assim, ele será capaz de olhar para situação a partir de outro ângulo. Alcançamos esse insight somente através da análise dos sonhos e através da compreensão do simbolismo, a dificuldade é essa.

Sobre a formação médica

Há apenas mais uma questão e é uma questão um tanto prática sobre "a formação médica dos analistas ou sobre as medidas que poderiam ser tomadas em universidades para transmitir aos estudantes de medicina uma noção dos aspectos psíquicos das doenças"[14].

Essa é a grande questão. Não há ainda, de fato, um caminho nesse sentido; existem somente muitas tentativas individuais em diversas universidades. [...]

Fiz as mais incríveis experiências nesse sentido e estou completamente decepcionado nesse sentido. Poder-se-ia fa-

---

14. Dra. Helene Hoffmann: "Segundo a sua opinião, que observações indicam que a formação médica na Europa atualmente já recebeu estímulos e pôde usufruir de sua obra de vida criativa? No contexto da faculdade de medicina, que medidas o senhor poderia sugerir no sentido de facilitar para o estudante o acesso ao seu próprio mundo interno tão necessário para o médico?"

zer o seguinte: Determinar-se-ia uma faculdade para que implantasse um leitorado, uma cadeira para tal. Mas naturalmente escolher-se-á alguém que de preferência não saiba nada. Houve aqui um caso, foi discutida a possibilidade de se ter uma cadeira de psicoterapia e foram feitas algumas sugestões, e eu soube indiretamente a respeito. E aquele que foi sugerido [...], o candidato para esse reitorado, é o aluno mais jovem e mais ignorante de meu seminário. Ele nem conseguiu terminar a sua análise; desistiu antes, pois não conseguia entender que o inconsciente não é consciente. [Risos] Depois disso, não houve mais nada nesse sentido. De qualquer forma não me escolheriam aqui, com toda certeza não; em uma universidade suíça então – isso seria impossível. Essa é uma das razões principais pelas quais as coisas não andam, pois o grêmio que escolhe, naturalmente sempre escolhe alguém abaixo do nível, e isso não dá em nada – eu não saberia dizer o que pode ser feito de forma mais geral. Isso depende tanto das condições locais, de modo que não se pode dizer nada muito genérico. E se a formação médica na Europa pode de alguma forma ter sido influenciada por minha especial obra de vida, não é algo que posso afirmar de maneira alguma.

Os senhores sabem que Freud se expressou de forma bem parecida no fim de sua vida – no sentido de sua psicanálise de fato ser bem menos apropriada para os médicos do que para outras pessoas. O aspecto psicológico faz muito pouco o gênero do médico atual, apesar de eu conhecer vários médicos que estão muito interessados, mas eles não têm voz lá em cima, na esfera superior. E os médicos não são pessoas especialmente más nesse sentido, e sim, são simplesmente assim como todas as outras pessoas também, os outros também têm resistências terríveis. Por exemplo, acreditam que tenho uma careca e ao mesmo tempo belos cachos brancos e grandes olhos azuis e uma linda barba branca – que traste repugnante. É essa a cara da psicologia. Isso ainda será assim por um tempo e, enquanto esses fatos básicos referentes aos sentidos humanos não forem compreendidos nos círculos psicológicos, quer dizer, de a pessoa nem saber o que é a anima e coisas desse tipo, não podemos falar de forma alguma em querer formar médicos num sentido mais amplo.

Parte III

Sobre a prática da análise

[C.G. Jung:] Gostaria de abordar primeiramente a pergunta da Dra. Marie-Louise von Franz, que não nos tomará muito tempo. Não é? – Trata-se de uma pergunta que já perturbou mais de um analista, isto é: "Quando devo intervir ou, em suma, devo intervir no caso de uma análise prática?"

Se desejarem praticar a psicologia, recomendo-lhes uma frase pronunciada pelo filósofo Multatuli – quer dizer, o seu pseudônimo é Multatuli. Pois este disse um dia: "Nada é inteiramente verdadeiro e também isso não é inteiramente verdadeiro". Gravem bem isso! Há regras e não há regras. Na psicologia qualquer frase pode ser invertida e continua certa ou será certa apenas quando invertida, tudo depende das condições que por vezes são inteiramente imponderáveis. E no caso de questões difíceis, a decisão última não se encontra nem no coração, e sim, em algum lugar da terra de ninguém da psique, onde não sabemos qual a origem disso tudo. Talvez se trate de um ato do destino ou de um ato de graça ou de um malefício útil que num caso desses nos presta auxílio.

Por via de regra, certamente é correto dizer que não devemos intervir, pois quando intervimos através de nossa mentalidade ingênua há uma grande quantidade de suposições e projeções das quais não temos consciência. Por isso, por motivos de prudência não devemos intervir. E então de repente nos encontramos em uma situação onde, considerando essa máxima, pensamos: "Não devo intervir". Na verdade teríamos intervindo e teria sido a coisa certa. Eventualmente, um paciente poderá nos dizer muito tempo depois: "Pelo amor de Deus, por que razão o senhor não disse isso na época, o senhor sabia disso e como pôde ficar de braços cruzados, sem pestanejar e permitir que eu cometesse tal estupidez?"

Não é? Percebemos que erro possamos porventura ter cometido. Consideramos uma lei ou uma regra e talvez não tivéssemos olhado para o caso – e não olhamos para nós mesmos. Pois precisamos, no mínimo, nos questionar como *eu* reajo diante disso? Quando levamos um paciente a sério e desejamos de fato ajudá-lo, então devemos nos identificar com ele e nos perguntar: "Como *eu* agiria nessa situação?" Apenas se pensarmos dessa maneira e partilharmos dessa mentalidade, o paciente perceberá que compartilhamos verdadeiramente de seu problema como se fosse de fato o problema do analista. Se ele sentir esse investimento, ouvirá mais facilmente o nosso conselho e poderemos inclusive intervir com mais facilidade.

Um dia tratei de um caso, era uma médica mais velha, tinha mais ou menos 56 anos e ela me procurou num estado de total *Amentia* [amência], quer dizer, num estado mental confuso. Então eu disse: "Pelo amor de Deus, o que a senhora fez, o que está acontecendo com a senhora?" Assim veio à tona que ela esteve em uma análise freudiana, onde tinha que ficar deitada no divã, e o analista sentou atrás dela na esperança de não ser atingido, e simplesmente não reagia. Desse modo, ela começou a fantasiar todo tipo de coisas, tentava chocá-lo, aborrecê-lo, provocar – pelo amor de Deus – qualquer tipo de reação nesse pedaço de pau; e não vinha nenhuma resposta, de modo que ela parecia cada vez mais louca. Por fim, precisou interromper a análise, pois sentia que estava entrando em um estado mental completamente confuso. Mas *isch härrgottnochemal*[15] – é desumano comportar-se assim! E então ela diz: "Veja, o senhor teve um afeto![16] E eu digo: "Claro que tive um afeto. O que a senhora imagina, a senhora acha que sou um pedaço de pau? Não sou, pois, um ser triste e atrofiado de tanta teoria que mal tem reações humanas". Quando tenho um afeto, tenho um afeto! E ocasionalmente também provei isso para as pessoas – de fato – que tenho um afeto! [Risos] Não quero lhes contar o que já aprontei nesse sentido. Mas dessa forma encurtamos uma análise por anos!

Essa única sessão bastou para que a mulher se tornasse razoável outra vez. É óbvio que ela vai perder toda orientação se o analista não reage ou quando não diz o que pensa a respeito da situação. Quando alguém vem com um plano maluco onde vemos que isso tudo [...] consiste numa trama para destruí-lo e não dizemos nada, isso é desumano, não é? Pois, por outro lado, ensinamos ao paciente no caso de suas imaginações ativas: Você deve entrar nessas fantasias e não ficar à parte como se fosse um pedaço de pau, e sim participar. E daí o analista não participa, comporta-se exatamente do modo como diz ao

---

15. Dialeto suíço-alemão equivalente a "Deus do céu!" [N.T.].
16. Na Teoria Junguiana a palavra *afeto* se refere à emoção, aos sentimentos de intensidade suficiente originários do complexo que podem provisoriamente tomar posse do eu [N.T.].

paciente que a gente não deve se comportar. E de fato – isso é totalmente estúpido, isso simplesmente revela que o analista não consegue ser natural e, se não consegue ser natural, é melhor ele desistir de antemão.

Contudo, podemos, porventura, ter a sensação: "Bem, agora deveríamos..." e não sabemos o quê. Mas, quando perguntamos a nós mesmos o que deveríamos de fato fazer em relação a este caso, podemos nos declarar ignorantes e dizer: "Não sei, não sei o que se pode fazer nesse caso". Mas podemos ao menos demonstrar que estamos presentes; que, caso soubéssemos, faríamos alguma coisa. Aconteceu-me repetidas vezes de eu não entender um sonho. Nessas horas não faço cara de importante, ao invés disso digo [Risos]: "Não entendo esse sonho, não sei a que se refere".

Bem, é assim que acontece no caso dessas interferências. Eventualmente podemos passar pela situação na qual precisamos, por razões humanas, dizer alguma coisa e, quem sabe, algo bem incisivo. Não em função de preceitos teóricos, isso não conta, mas em situações humanas. Sobre isso decide unicamente o instinto; então devemos nos preocupar em estarmos em sintonia com o nosso instinto. Quem decide isso não são as boas intenções e nem os preceitos teóricos ou a assim chamada compreensão da estrutura da neurose, tudo isso não nos ajudará. A totalidade da personalidade, que é *ineffable* [inefável], nos ajudará nesse momento – a não ser que a tenhamos ofendido fortemente num momento passado. Os senhores ainda têm perguntas a respeito? – Sim?

[Pergunta:] Gostaria de perguntar ao senhor, senhor professor – o senhor disse que, no momento em que intervimos, arriscamos [no mínimo] projetar muitas coisas e nos encontramos inconscientes de nossos afetos etc. Sendo assim, qual seria a postura do analista após ter feito uma intervenção em função de um afeto? No caso da intervenção, parte de nosso inconsciente encontra-se, por exemplo, na sombra, e nesse caso o colocamos diretamente em contato com o paciente. Sendo assim, o analista precisa estar disposto a falar sobre isso.

[C.G. Jung]: Sim, naturalmente, é óbvio.

[Pergunta]: Quer dizer, que ele teve um afeto.

[C.G. Jung]: Obviamente. É a razão pela qual ele tem um afeto – para que o paciente possa se orientar, caso contrário não se trata de um diálogo. O analista vai estar envolto numa nuvem onde se julga invisível e o paciente permanece sem orientação. Naturalmente, ele precisa se justificar diante do paciente, este deve ser tratado como ser humano e não como um pobre doente do qual cuidamos. Esta é uma *completeley disgusting attitude* [atitude completamente repugnante]; mesmo que esteja doente, ele precisa ser percebido como um ser humano.

Sobre a natureza da culpa

[C.G. Jung:] A pergunta da Dra. Hess é um excurso mais longo sobre a natureza da culpa, que não desejo ler para os senhores. Existem pessoas que têm sentimentos de culpa e igualmente aquelas que não [os] têm. E uma das perguntas [então] é: "A culpa é possível onde ainda não há um eu?"

[...] Vamos ao princípio do conceito da culpa: Quando perguntamos, por exemplo, ao direito penal o que se entende por culpa – podemos igualmente perguntar à prática da confissão católica –, iremos ouvir que não há culpa onde não há um eu, isto é, onde ninguém estava presente, onde as pessoas estão simplesmente inconscientes a respeito de terem cometido algum mal ou algo parecido. Na natureza isso não é assim, ali é onde se vinga toda culpa do mundo. Somos tratados pela natureza como se de fato tivéssemos cometido uma culpa, sem piedade. Por exemplo, jamais ouvimos falar em bactérias ou que há água infectada e simplesmente bebemos qualquer água e adquirimos tifo, então a natureza nos tratou da forma como acabo de insinuar.

A natureza não pergunta se sabemos a respeito disso; ao invés disso, simplesmente age. Nós é que somos os ignorantes. A justiça humana ou também a legislação moral da Igreja, por sua vez, perguntam se temos consciência de nossa culpa. Vejam, lembro-me de um caso bastante extremo onde uma senhora da alta sociedade procurou o confessionário de um padre jesuíta. Ele era um homem muito hábil e ela tinha a intenção de confessar determinadas situações delicadas de sua vida. E quando havia realizado a confissão formal e ainda quis declarar o restante que não seguia tanto a regra, ele a interrompeu e perguntou: "Perdoe, isso que a senhora agora quer dizer é algo que sente como culpa?" E então ela viu uma luz no fim do túnel e disse: "Não de fato". "Então também não precisa confessá-lo, minha senhora." [Risos]

Esse é mais ou menos o uso que podemos fazer desse ponto de vista. Mas a natureza não tem piedade, pune os inconscientes e, quem sabe, ainda mais do que aqueles que têm consciência. Desse modo, a culpa é – se falarmos dela a partir de uma perspectiva humana – naturalmente algo consciente, é uma culpa consciente que obviamente não existe onde não há um eu. Mas onde não há um eu, a culpa pode existir mesmo assim. Os indianos dizem que estamos sob a ação de um carma. Esse carma pode ser de natureza pessoal, sabe-se: "Este é o meu carma", ou então é um carma impessoal, que foi adquirido de algum lugar por nós ou pela nossa mãe. Que adquirimos quando estávamos nadando no ventre materno. Um sentimento de culpa que adquirimos, pois estava flutuando lá no alto, no ar. Pois a doutrina indiana do carma não é unívoca nesse sentido.

Essas reflexões também valem no caso onde o eu, onde um eu de fato existe, mas por coincidência não tem consciência da culpa. Sendo assim, o caso é o mesmo que antes: Não existe um eu para essa culpa. Não há ninguém que poderia assumir essa culpa.

De que modo essa culpa é adquirida, se foi dessa ou daquela forma, através da preguiça ou de um excesso de meticulosidade ou sensatez, não muda a questão em si. Há apenas a pergunta se essa carga existe de modo consciente ou inconsciente. As formas mais perigosas naturalmente são aquelas que são inconscientes, pois nesse sentido a natureza é cruel. O que eu quero dizer é que ela não julga tal como um juiz, simplesmente apresenta as consequências, e então cabe a nós assumir a responsabilidade e reconhecer que os ignorantes somos nós, vermes ignorantes e estúpidos e inconscientes – é o que são os seres humanos, não é? E por isso há aquele ensinamento hermético: O demiurgo criou um mundo que é muito imperfeito e seres humanos capazes apenas de se arrastar de quatro. Mas então o Deus superior dos mundos espirituais compadeceu-se desses vermes e enviou-lhes uma *cratera*[17] do céu que é preenchida com *nous*[18], para que os inconscientes possam banhar-se nela. Os melhores entre eles perceberam que algo havia acontecido. Já naquela época, essa questão era discutida de modo mais substancial. A conhecida citação gre-

---

17. kratêr = recipiente para misturar o vinho.
18. Nous = intelecto, razão, espírito.

ga "*boethein to kakon*" [resgate o mal] provém de um gnóstico, não é? Eles se ocuparam desses problemas. E atualmente nós somos capazes de compreender por que os gnósticos da Igreja eram extremamente incômodos, pois discutiam justamente aqueles problemas que a igreja não havia respondido. Pois a Igreja não sabe nada a respeito de uma culpa que carregamos, apesar de não termos consciência dela.

Naturalmente podemos, em função de uma total falta de instinto, chegar a conclusões excessivamente extensas e dizer: "Sou culpado de tudo". Por exemplo, não é culpa nossa existirem bacilos de tifo nessa água. Mas, caso tivermos a oportunidade de ler no jornal que existe água potável infectada e não tomamos nota disso, então o erro é nosso; trata-se de culpa, não tiramos as nossas conclusões. Mas, caso jamais ouvimos que existem bactérias e que a água potável possa estar infectada e bebemos a água, então é claro que, humanamente, somos completamente inocentes, mas diante da natureza somos culpados. E assim é toda a nossa vida: Diante da natureza somos culpados, pois ainda não alcançamos a consciência que de fato deveríamos alcançar. Ainda não alcançamos isso, somos inconscientes de um excesso de coisas, e isso é muito extremo; os senhores podem perceber a diferença diariamente: quando comparam o que sabem sobre o que se encontra por trás de certas coisas com o que os leigos sabem a esse respeito, perceberão então que possuem uma consciência mais ampliada. Desse modo, se algo pode ser alcançado através da psicologia, esse algo é uma consciência ampliada. E não se deve abusar disso, tirando conclusões megalômanas de que somos culpados de tudo ou que carregamos o pecado do mundo. Não somos deuses, ainda somos demasiadamente inconscientes. Pois ainda nos encontramos no início de uma verdadeira consciência. Bem, casos como esses não deveriam acontecer: Pessoas que poderiam ter conhecimento não querem considerar essas coisas ou pensar sobre elas em função de ingenuidade ou preguiça.

Lembro-me do caso de um professor catedrático de teologia: Quando escrevi o meu livro *Transformações e símbolos da libido*, ele redigiu uma crítica muito pouco amável, onde me acusou – *en flagrante contradiction avec la parole du Maître* [em flagrante oposição à palavra do Mestre] – de ter dito que não devemos permanecer crianças, e sim, que devemos nos tornar adultos. [Risos] Esse pobre idiota nem se deu conta da passagem em Paulo onde este diz que devemos nos separar do que é infantil; que, para nos tornarmos novamente crianças, precisamos antes nos tornar adultos. Cristo não disse: "Vocês devem permanecer crianças", e sim: "Tornar-se crianças". Ele jamais se deu conta disso, jamais pensou nisso e em seguida me acusa de afirmar, em flagrante oposição às palavras de Cristo, que devemos nos separar do que é infantil, que não se pode permanecer infantil, quando o ideal é justamente preservarmos a fé ao modo da criança, não é?

Era um protestante. Poderia contar-lhes história semelhante de um douto padre jesuíta que me procurou um tanto indignado. Alegou ter lido o meu *Jó* e que teria apenas *uma* pergunta: "Como o senhor ousa afirmar que Cristo e Maria não teriam sido humanos?" [Então eu disse]: "Mas, meu prezado professor, isso é espantosamente simples, não compreendo por que o senhor me pergunta isso. Segundo a sua doutrina, o senhor nasceu com o pecado original. O senhor carrega a *macula peccati* [a mácula do pecado], eu também, todos os homens são corruptíveis e corrompidos, é por isso que morremos, o homem é mortal. [Trata-se de] um princípio totalmente genérico; e isso acontece por causa da *macula peccati*. E como é no caso de Cristo e Maria? Eles se encontram no estado da inocência, quer dizer, no *status gratiae* [estado de graça] em relação ao pecado original, desse modo são incorruptíveis; é por isso que Cristo subiu ao céu com o corpo – naturalmente com um corpo glorificado. E o mesmo se aplica à Mãe Maria. Não são homens, são deuses". Esse homem, que certamente é um homem inteligente, jamais pensou nisso. Simplesmente ficou completamente perplexo, quando na verdade se trata de uma conclusão muito simples, não tem nada demais nisso. Ele não soube o que responder.

Vejam, acredito que essas inconsciências se vingam de forma cruel. Naturalmente para ele, um homem altamente intelectual, essa foi uma derrota terrível diante de um médico. Jamais o revi. [Risos]

Quer dizer, a culpa não vai somente até onde a reconhecemos, e sim, muito além. Essa culpa natural, não sei qual é o seu alcance, não sei qual o tamanho das obrigações que assumimos ao nascer, e disso não temos culpa, não carregamos essa culpa.

O corpo e o desenvolvimento mental

Vamos à próxima pergunta. É a pergunta do Sr. Hillman. Bem, essa pergunta tem a ver com a importância do corpo enquanto base do processo psíquico. A pergunta é, caso a entendi direito, se o corpo é o recipiente apto ou adequado para o desenvolvimento ou processo mental. A pergunta do Sr. Hillman termina assim: "O que podemos fazer para fortalecer ou refinar o recipiente? Como podemos nos aproximar ou aproximar os nossos pacientes de uma encarnação do processo e da ressurreição da carne?"

Diria: "Conforme a minha propensão e a ressurreição do espírito" [Ele ri.] Agora ficaria grato ao Sr. Hillman se fizer a gentileza de explicar ou comentar um pouco essa pergunta, de modo que eu a possa compreender mais claramente.

[J. Hillman:] Acredito ter dito no primeiro parágrafo que, após ter sido alcançado um determinado estágio no processo onde o conteúdo dinâmico ou o espírito se manifestam, depende um tanto do corpo constituir esse recipiente para retê-los – e muitas vezes...

[C.G. Jung] Ah! sim, agora o senhor chegou ao ponto. Perdoe-me por interrompê-lo. À medida que a análise prossegue, de modo que um certo acesso ao espírito se tornou possível e conteúdos dinâmicos entraram em movimento, a realização do processo parece depender do recipiente. Quando este não está maduro, o processo jamais se torna verdadeiro ou simplesmente se desfaz no ar. Ou se inverte e se torna destrutivo.

Tudo isso é perfeitamente verdadeiro; mas pensem, por exemplo, em pessoas que se encontram em sérios apuros físicos, quer dizer, gravemente doentes, talvez estejam até morrendo, quando o corpo está seriamente em questão. Entretanto, é este o único momento na vida daquele sujeito no qual um processo espiritual ou físico é de alguma forma possível. E o seu corpo não se encontra, de maneira alguma, em uma condição favorável, muito pelo contrário. Vejam, certas pessoas, por exemplo, necessitam de uma doença fisiológica para entenderem alguma coisa de psicologia. Apenas quando estão doentes ou sofrendo tornam-se capazes de compreender conexões psicológicas ou algum significado psicológico. Enquanto estão normais são tão estúpidas como as pedras, simplesmente não registram nada. De fato, sempre se diz: "*In corpore sano mens sana*", que a mente está sã em um corpo são. Certo, esta é uma verdade genérica, mas não se esqueçam do preceito psicológico: Nada é verdadeiro e mesmo isso não é muito verdadeiro.

Então vejam, alguém pode se encontrar em um esplêndido estado mental ou espiritual, mesmo em oposição ao corpo. Por outro lado, aquele que é ferido pode curar a ferida e aquele que sofre de incapacidade física pode desenvolver habilidades e destrezas ou ideias das quais outras pessoas não são capazes.

Desse modo, a verdade genérica e banal que podemos, por exemplo, ler no *Reader's Digest* [Risos], é que precisamos ter um corpo são e assim tudo está bem. De fato, geralmente isso é verdade, mas essa máxima é tão banal que deve ser igualmente verdadeira quando invertida. Quer dizer, não necessitamos de um corpo saudável para estarmos mentalmente sãos ou até superiores, pelo contrário. Mas há igualmente uma atitude doentia de claramente negligenciar o corpo, de se pensar coisas depreciativas sobre o corpo. Não se deve fazer coisas assim tão tolas, deve-se dar a tudo o seu devido valor. Quando vemos um asno, um burro e pensamos: "Ah!, esse então é o asno, esse animal terrivelmente estúpido", cometemos um erro; o asno não é um animal estúpido. É o mesmo que pensar sobre o Sr. tal e tal com o qual nos relacionamos: "Claro que ele é um asno". Ele não é necessariamente um asno. Ou então, pensamos a seu respeito: "É um mentiroso"; não necessariamente ele é um mentiroso. Se pensamos que ele é um mentiroso e o tratamos como tal, então somos nós os asnos estúpidos e cometemos um grave erro, pois não somos capazes de lidar com ele.

Desse modo, quando pensamos algo errado sobre qualquer coisa, somos nós os idiotas que transformam algo que está perfeitamente em ordem em algo sem sentido através da nossa projeção. O mesmo pode ser feito com o corpo. Por exemplo, há muitas pessoas [...] que negligenciam o seu corpo e isso naturalmente se baseia em uma certa resistência em relação ao corpo ou até em uma distorção filosófica ou religiosa relativa ao corpo – e então eu interfiro. Digo: "Ora, ora, vejam, os senhores não podem negligenciar a si próprios dessa forma, isso revela que têm resistências tolas". E mais tarde se dirão muito gratos por eu ter mencionado tal coisa, pois a esconderam. Stefan George era um tipo assim. Quando chegou ao hospital de Basileia, estava num estado miserável, coberto de sujeira, inacreditável. Ou Thomas Becket, o arcebispo de Cantuária que foi assassinado, tinha eczemas em todo corpo, estava terrivelmente sujo e num estado abandonado. Isso naturalmente é um preconceito inútil e se opõe ao instinto, mesmo aqui precisamos simplesmente ter o instinto adequado. Obviamente, falar é fácil, o que é muito mais difícil é fazer. Mas, à medida que temos empatia com o paciente, adquirimos certa noção de que "alguma coisa não vai bem com esse gajo" – e então podemos aplicar a mesma técnica a nós mesmos e perceber que comemos demais ou de menos ou que comemos a coisa errada, que estamos com constipação ou coisas desse tipo. É patológico quando pessoas simplesmente negligenciam a si próprias nesse sentido; é parte de uma neurose ou, muito frequentemente, o resultado de uma inclinação histórica. Claro que não deveríamos ser tão corporais, deveríamos ser espirituais e então não comeríamos ou desenvolveríamos uma úlcera. Assim é muito melhor! Há algo que gostariam de perguntar a respeito?

Bem, vejam, devo dizer que não vejo problema algum. Por que razão não deveríamos admirar a beleza do corpo? O corpo pode ser muito belo. [...]

Sobre rituais

Agora há uma pergunta do Sr. Stein: "De que modo podemos ter encontrado, através de sua obra e de seu espírito, um caminho que nos conduz de volta a nós mesmos e de que forma a fonte encontra um recipiente para acolhê-la na coletividade externa? Devemos lançar mão de rituais tradicionais com a esperança de que o Deus vivo os torne outra vez vivos ou somos destinados a esperar até que existam novas garrafas, melhor, odres para conter o vinho novo? Se assim for, o que acontece nesse ínterim? O indivíduo não pode reter demasiadamente o espírito sem perder a consciência.

E finalmente pergunto: O indivíduo pode realmente manter uma relação com o si-mesmo quando não há rituais tradicionais que lhe permitem retornar de sua jornada noturna pelo mar?"

Bem, devo dizer que alguém que vive no tempo presente e possui certa compreensão psicológica é ameaçado por nada menos do que os rituais, pois estes o conduzem diretamente ao passado e ele nada entendeu. Por exemplo, como podemos presumir que um Deus vivo necessita de uma igreja? Se não for capaz de se manifestar fora de uma igreja, há algo muito suspeito. Um Deus assim significaria terrivelmente pouco para mim. Vejam, a questão não é encontrar um recipiente; nós somos o recipiente, nós somos o instrumento e, se não funcionamos enquanto tal, então não temos um espírito. Pois a experiência do homem com o espírito é ser transformado numa função. É o que o mantém vivo. Ele não questiona se há uma forma coletiva através da qual poderia se expressar. Isso significaria que ele necessita de consciência, é *incapaz* de funcionar, necessita de um ritual. Vejam, *se* o espírito quer um ritual, *nós* o realizaremos; se ele não quiser um ritual, não há ritual na terra capaz de substituir o espírito.

Não existe substituto para o espírito e alguém que busca um ritual – bem, isso é simplesmente um artefato – é incapaz de existir e de funcionar sem ser contido. É como uma criança que diz: "Não consigo andar a não ser que a mãe me segure". Bem, essa não é uma função apropriada, é uma paralisia.

O ritual tradicional não nos ajudou a permanecer em contato com o si-mesmo da forma como *nós* o compreendemos. Ele nos ajuda a permanecer em contato com uma ideia, uma ideia simbólica que declaramos ser uma ideia do si-mesmo. Por exemplo, *nós* dizemos que Cristo é de certa forma a ideia do *homo maximus*, do *anthropos*, do *filius hominis*. Isto é um símbolo do si-mesmo. Mas, à medida que acreditamos que Cristo realmente significa o si-mesmo, esse mesmo ritual torna-se a pior das tentações de perder a nossa relação com o si-mesmo. Por exemplo, se somos sensíveis e assistimos a uma bela missa, entramos nesse belo ritual e nos esquecemos de nós mesmos, somos dissolvidos nessa bela forma, mas isso não nos ajuda a mantermos qualquer relação com nós mesmos. Permanecer em contato com o si-mesmo é uma experiência individual íntima e uma atividade individual íntima. Um esforço em qualquer sentido, mesmo quando se trata de algo muito espiritual, será um mero obstáculo que nos impede de entender ou de nos tornar conscientes de nossa ligação com o si-mesmo. Nesse sentido, o si-mesmo é algo muito pequeno, minúsculo e muito delicado, que não pode ser perturbado por influências externas. Por isso, vejam, um homem sozinho, que está por conta própria e que não tem nenhuma igreja, nenhuma água-benta, nenhuma comunhão, estaria inteiramente perdido. Alguém assim não tem uma relação com o si-mesmo. A relação com o si-mesmo é em primeiro lugar uma experiência solitária e, somente à medida que encontramos compreensão ou pessoas com experiências similares, deixamos de estar isolados. Mas não adianta irmos à igreja ou seguirmos determinados rituais no intuito de obter esse sentimento, pois não o obteremos.

Um dia conheci um velho camponês católico [que] me disse: "Doutor, o senhor conhece tantas coisas. Gostaria que o senhor me explicasse: Por que nós católicos não ficamos juntos?" Perguntei: "Mas vocês não ficam juntos?" Ele respondeu: "Ah! não, não ficamos juntos. Os protestantes se interessam bem mais uns pelos outros".

Ele me deu exemplos de forma bem ingênua e então percebi a que estava se referindo. Na verdade, estava se referindo a algo de modo bastante inteligente: O protestante não possui um ritual, não tem praticamente nenhuma forma de comunidade. Quando há uma comunidade, esta é inteiramente humana e frequentemente um tanto racional. Mas no catolicismo é bem diferente: Há uma igreja, somos membros de uma igreja, estamos na igreja e isso constitui a nossa relação com as outras pessoas, não precisamos cuidar disso. Passem, por exemplo, por vilarejos protestantes; lá as estrumeiras se encontram muito bem-cuidadas e bem à vista. Nos vilarejos católicos, a estrumeira muitas vezes não é apresentável, encontra-se num estado um tanto ruim e não estético. É possível ver tais coisas, pois as pessoas se importam menos com o que os outros pensam. O protestante se preocupa bem mais com os seus vizinhos.

Um pastor aqui em Zurique me contou uma história interessante. Estiveram com ele sete filhos de um sapateiro que era um católico tchecoslovaco; todos vieram para receber o Sacramento da Confirmação. Ele ficou interessado e foi até o homem e lhe perguntou: "Sei que o senhor e a sua esposa são católicos; por que me encaminham os seus filhos?" Este respondeu: "Bem, sei que é um tanto peculiar; mas acredito ser melhor para eles, aprenderão mais sobre relações sociais e amizade do que se forem católicos. Pois de certo modo escapamos demasiadamente fácil, através da confissão facilitamos as coisas e, sendo assim, por que ir mais adiante, por que nos esforçar?"

Vejam, é uma coisa muito séria. Por exemplo, tive um colega, médico assim como eu, e um dia ele me perguntou: "Diga-me, o que o senhor chama de neurose?" Naturalmente tive o cuidado de não dizer: "Por que razão precisa saber disso?" Expliquei-lhe de forma precisa o que é uma neurose. Ele pensou por um tempo e em seguida disse: "Bem, se for assim, então cerca de dois terços de minha clientela são neuróticos". E eu disse: "É bem assim".

E ele disse: "Não entendo por que o senhor se interessa tanto pela psicologia e por que se preocupa tanto em entender essas coisas. Veja, quando estou em apuros ou tenho algum problema, pergunto ao meu confessor. Talvez ele não saiba a solução e assim pergunta ao bispo e, se o bispo não tiver nenhuma solução, escreve para Roma. Lá se encontram reunidas há dois mil anos as pessoas mais inteligentes e elas já elaboraram esses problemas há muito tempo. [Risos] Por que o senhor se interessa pela mente humana? Está tudo resolvido e o modelo a seguir agora é *Roma locuta causa finita* [Roma falou, causa encerrada]". Isso é de ordem ritual, uma vida ritual.

Vejam, um homem assim não tem o menor interesse, não enxerga nada, é completamente cego. Se o destino a ele me uniu e se ele for um bom rapaz, eu deveria ser seu amigo. Mas seria eternamente um elefante branco para ele. Ele não entenderia nada e eu lidaria com ele tal como se fosse um peso morto. Pois um homem assim não significa nada para mim, de forma alguma. É uma deficiência séria quando vivemos de uma forma cerimonial ou ritualística. O recipiente se apodera de nós, não temos poder sobre nada.

A imagem de Deus e o si-mesmo

[C.G. Jung:] O próximo é o Sr. Dreifuss a respeito da imagem de Deus. Vou responder em alemão. Na verdade a sua pergunta se baseia em uma passagem de meu ensaio sobre *Jó*, onde digo que o homem tem uma luz infinitamente pequena, porém mais concentrada do que o Deus Criador. Portanto, o homem ou a consciência humana teria uma luz mais concentrada do que Deus, quer dizer, a imagem de Deus. Pois sempre temos apenas uma imagem – certo? – pois falamos das imagens, da psicologia da imagem e não sabemos o que Deus é em si, é um *ineffabile* [inefável], um *arrhêton* [incompreensível/indefinível]. A sua pergunta então é: "Em que medida o eu é maior do que o si-mesmo? A imagem de Deus não é sempre mais ampla do que a consciência humana?"

Bem, essa pergunta não decorre necessariamente disso. Podemos ter uma imagem mais concentrada de algo no âmbito do si-mesmo, certo, no âmbito do si-mesmo se encontra o eu. Talvez seja um si-mesmo menor e, quanto menor, mais nítida a sua luz, mais concentrada a sua luz. Por isso é tão difícil apreender a imagem, isto é, o si-mesmo, pois este é tão vago; na melhor das hipóteses pode ser comparado a uma meia-luz, apesar de por vezes poder manifestar-se tal como a mais concentrada luz. No caso da iluminação – pensem na iluminação dos santos onde uma imensa luz se derrama sobre as pessoas... Onde quer que nos deparamos com a ideia do si-mesmo, trata-se de algo de difícil apreensão, algo – sabemos disso por experiência própria – igualmente difícil de ser realizado, pois possui um caráter de totalidade e a nossa natureza naturalmente não corresponde a isso.

Como podemos ser inteiros? Desde o nascimento somos, por assim dizer, especialistas. Um nasce com um bom intelecto e o outro nasce com um bom coração e o terceiro é uma pessoa que será guiada a vida inteira somente pela sensação e que não tem coração nem razão. Desse modo, todas essas condições diferenciadas que nos definem representam o mesmo número de limitações. Por isso, o si-mesmo se depara com um grande obstáculo em seu ímpeto de realização. Portanto, teoricamente seria, por assim dizer, impossível o si-mesmo realizar-se, isso pode ocorrer somente de forma gradual. Não sabemos até que ponto ele é real, se ele de fato se realiza ou o quanto – não temos medida para tal. Segundo a nossa experiência, aquilo que se realiza em nós é sempre algo que excede os limites.

Aquilo que quer tomar forma em nós gera, por exemplo, uma inflação, uma superestimação ou uma subestimação – é algo que incomoda. Por isso temos tanto medo da individuação; as pessoas têm *medo* delas próprias, não querem saber do inconsciente, pois temem que surja algo impossível de controlar, algo que efetivamente mal pode ser controlado ou que nos exige um enorme esforço para termos ao menos uma noção a respeito. É algo que nos encarrega de tarefas imensas e naturalmente nos perguntamos: "Qual a natureza dessa coisa?" E então pensamos nisso da forma como pensamos em uma pessoa, nos perguntamos: "Como é essa pessoa, quais as suas qualidades, quer dizer, que valores ela tem?" E, no caso do si-mesmo, perguntamo-nos da mesma forma. Então descobrimos que a sua extensão para cima é a mesma que para baixo – e isso é um tanto mais sinistro, pois através do si-mesmo entra em nós não apenas o Bem, mas também o Mal. Se um *ser humano* fosse assim, diríamos: "Mas ele se contradiz constantemente, é totalmente confuso!" Agora, neste momento, parece estar lá em cima e no próximo lá embaixo, não dá para entender isso. Como é difícil para as pessoas entenderem que a imagem de Deus é ambivalente. Mas está na Bíblia que assim é e lá elas podem ler a respeito. Mas não *pode* ser assim, não pode ser.

As culturas asiáticas conseguem compreender isso, conseguem compreender que os deuses se manifestam de modo benevolente e malevolente. Por exemplo, a adorável Kuan Yin. Ao entregar o alimento diário aos espíritos maus do inferno, ela se manifesta na forma de um espírito mau, pois é tão boa que quer evitar assustar os maus espíritos. Imaginem os senhores a Mãe Maria alimentando os maus espíritos no inferno, usando para tal uma pele de animal com um rabo. [Risos] É bem assim, não é?

O si-mesmo é de fato semelhante àquelas xilogravuras japonesas que vi: Embaixo está o inferno e lá Kuan Yin vaga na forma de um terrível fantasma, isto é, que tem um aspecto diabólico. Vaga na forma de um diabo e alimenta, por assim dizer, os maus espíritos. E de sua cabeça sai um fino fio que vai até as alturas do céu e lá Kuan Yin, muito pequena, está sentada em seu trono na luz prateada da lua, na forma de uma remota recordação. Na realidade, agora ela é o demônio malvado.

O Oriente é capaz de pensar nessas duas coisas ao mesmo tempo. Existe em relação a isso – acredito ter contado essa história aos senhores – uma charada na Índia. Uma pessoa me perguntou: "O que você acha, quem demora mais para ter uma visão de Deus, aquele que o ama ou aquele que o odeia?"

Vejam, são os opostos pensados ao mesmo tempo de uma forma como não somos capazes de fazê-lo no Ocidente. E assim os teólogos, que na verdade deveriam ser aqueles que mais sabem a respeito das várias formas através das quais Deus pode se manifestar [...][19]. Eles têm tantos preconceitos que se torna impossível pensar em algo assim. Mas através da psicologia do inconsciente sabemos que o si-mesmo é absolutamente opositivo. E de uma forma que simplesmente nos aturde. Percebemos então: Isso é demais para a minha cabeça; e eventualmente podemos ter um sonho muito importante que nos transmite uma verdade absolutamente paradoxal em relação à qual não conseguimos descobrir de forma alguma: Isso se refere a algo diabólico ou à mais alta espiritualidade ou a algo nesse sentido...? É *antinômico*, e por isso a imagem de Deus é transcendente, pois se furta ao nosso alcance.

Essa imagem do si-mesmo, que portamos dentro de nós, sempre é simbolizada – não por nós e sim historicamente – como um Deus. É uma imagem de Deus e também uma imagem da alma. Por exemplo, *deus est circulus cuius centrum est ubique circumferentia vero nusquam*: Deus é um centro presente em todos os lugares e uma circunferência que não está em lugar

---

19. Parece que aqui a frase foi interrompida [N.T.].

algum. Essa imagem se aplica igualmente à alma. A alma era imaginada como uma bola redonda ou como um círculo – trata-se dos símbolos que encontramos igualmente entre nós, na nossa psicologia. Desse modo, isso indica que o si-mesmo, a imagem do si-mesmo, a ideia do si-mesmo que criamos para nós, é uma analogia, uma *analogia dei*. É uma imagem de Deus, não há como evitar isso. Pois todas as características que podemos constatar empiricamente são igualmente afirmações de natureza transcendente. São afirmações feitas a respeito do ser mais elevado, do sumo ser. As nossas declarações sobre isso só podem conter oposições.

CULTURAL

Administração
Antropologia
Biografias
Comunicação
Dinâmicas e Jogos
Ecologia e Meio Ambiente
Educação e Pedagogia
Filosofia
História
Letras e Literatura
Obras de referência
Política
Psicologia
Saúde e Nutrição
Serviço Social e Trabalho
Sociologia

CATEQUÉTICO PASTORAL

Catequese
Geral
Crisma
Primeira Eucaristia

Pastoral
Geral
Sacramental
Familiar
Social
Ensino Religioso Escolar

TEOLÓGICO ESPIRITUAL

Biografias
Devocionários
Espiritualidade e Mística
Espiritualidade Mariana
Franciscanismo
Autoconhecimento
Liturgia
Obras de referência
Sagrada Escritura e Livros Apócrifos

Teologia
Bíblica
Histórica
Prática
Sistemática

REVISTAS

Concilium
Estudos Bíblicos
Grande Sinal
REB (Revista Eclesiástica Brasileira)

VOZES NOBILIS

Uma linha editorial especial, com importantes autores, alto valor agregado e qualidade superior.

VOZES DE BOLSO

Obras clássicas de Ciências Humanas em formato de bolso.

PRODUTOS SAZONAIS

Folhinha do Sagrado Coração de Jesus
Calendário de mesa do Sagrado Coração de Jesus
Agenda do Sagrado Coração de Jesus
Almanaque Santo Antônio
Agendinha
Diário Vozes
Meditações para o dia a dia
Encontro diário com Deus
Guia Litúrgico

CADASTRE-SE
www.vozes.com.br

EDITORA VOZES LTDA.
Rua Frei Luís, 100 – Centro – Cep 25689-900 – Petrópolis, RJ
Tel.: (24) 2233-9000 – Fax: (24) 2231-4676 – E-mail: vendas@vozes.com.br

UNIDADES NO BRASIL: Belo Horizonte, MG – Brasília, DF – Campinas, SP – Cuiabá, MT
Curitiba, PR – Fortaleza, CE – Goiânia, GO – Juiz de Fora, MG
Manaus, AM – Petrópolis, RJ – Porto Alegre, RS – Recife, PE – Rio de Janeiro, RJ
Salvador, BA – São Paulo, SP